新视野

美国大学亲历

2012

主编 ◎ 张连城

首都经济贸易大学出版社

Capital University of Economics and Business Press

·北 京·

寄宿在当地人家里，让我们全方位了解美国人的生活

结识伙伴，欢声笑语

交流学生在犹他大学

参加美国独立日庆祝活动

敞开心扉，感受新的文化和思维

教授带领大家参观校园

课堂上既收获知识，也收获友谊

风格独特的图书馆引起我们极大的兴趣

结伴出游是另外一种认识美国的方式

小组讨论和合作是学习的主要方式

课程结束，与教授合影

走出书本，用实践探索世界

尼亚加拉大瀑布上的彩虹

课堂上的演讲（Presentation）是最常见的发言方式

参观犹他州州政府

课间和教授合个影

可爱的美国小妹妹

集体参观高盛集团

我们在议会大厅

与寄宿家庭成员一起过周末

向美国人介绍火锅可不是件容易的事

学会照顾自己、照顾伙伴是留学的第一步

异国他乡的生日聚会

成绩单是对付出的最好肯定

犹他大学的课堂

餐桌旁，我们畅谈两国不同的习俗

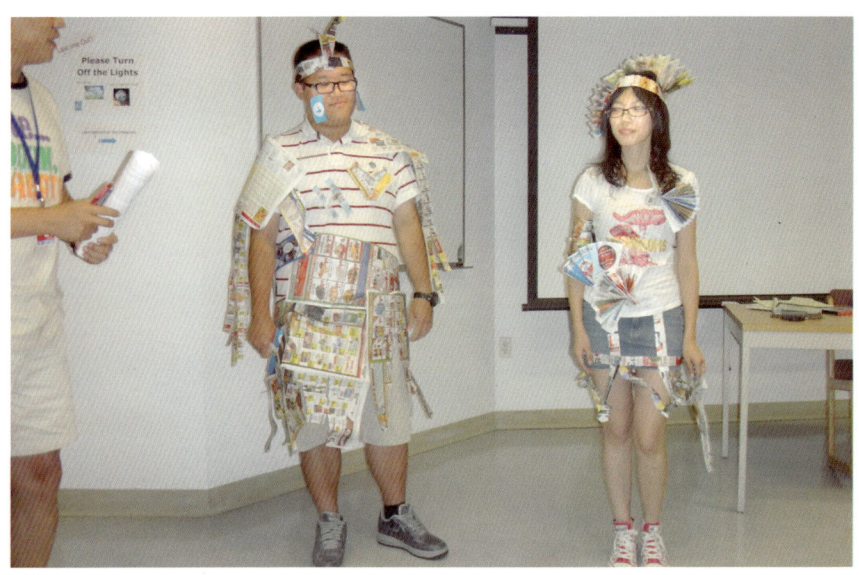

我们的任务 —— 营销报纸服装

加州巧遇记者，我们讲述中国故事

综合运用资源是学习能力的重要体现

犹他大学交流学生与教授在一起

教美国人包饺子

在北卡州立大学讲述自己制作的学术海报

序

在几十年的高等教育教学和管理工作中，我有幸多次到国外高等院校学习和考察，走访了一些欧美国家不同类型的高等院校。长期以来，感触颇深，最大的感受就是：我们要想建设一流大学，就必须向一流大学学习，高等教育国际化是国内高等院校适应经济社会发展、应对高校间激烈竞争的必然选择。

国际化是一个不同国家、不同民族、不同文化之间取长补短、相互交流与合作的过程，国际化是现代高等教育和一流大学的重要特征，也是与现代大学相伴而生的重要特质。在经济全球化和信息全球化趋势的推动下，高等教育国际化越来越成为一种历史的必然，尤其中国加入世界贸易组织以后，我国的高等教育国际化成为融入经济全球化的必然要求。经过近30年的发展，我国已经成为高等教育的大国，但仅仅是在规模层面上的大国，借鉴国外先进大学的教育经验和办学理念，缩小与先进国家高等教育的差距是中国高等教育由教育大国迈向教育强国的必由之路。

当前我国的高等院校面临着国际化发展的重大机遇。一方面，中国经济经过30多年改革发展的积累为我国高校进行教育国际化提供了坚实的、必要的物质基础；另一方面，中国经济多年保持高速平稳发展，不断创造着世界经济发展的奇迹，在逐渐成为全球经济发展中心的同时，也成为国内外经济、管理研究领域持续关注和研究的热点，我国高等教育有国际化的要求，国外先进高校和研究机构同样具有和我国的科研院校合作，深入了解中国经济发展的动机。可以说，我国当前的经济发展为我国高等院校拓展国际化空间，吸收和借鉴先进的教育经验和理念、标准，拓展全球视野提供了难得的机遇。

近年来，我国科教兴国、人才强国等战略决策和地方政府的支持极大地推动了教育国际化的进程，国内高等院校也在国际化方面积极尝试，积累了宝贵经验。"君子欲讷于言而敏于行"，笔者认为，高等院校个体在推进教育国际化过程中必须处理好几个具体问题。

一、转变观念，找准定位

科学合理的定位是大学国际化成功的关键。国家和社会需要多元化的人才和多方面的创新，高等教育办学模式趋同就会失去高层次、高水平发展的基础，多样化的丧失对高等教育是一种灾难性的破坏，会使教育国际化丧失存在的意义。美国斯坦福大学之所以能够在几十年的时间里从默默无闻发展到世界顶尖，就是因为坚持了自己的发展特色。这就要求我国的高等院校在进行教育国际化过程中，遵从教育发展规律，遵从国际化主流理念和做法，首先需要在了解自己的类型，了解自己的位置，了解相应的学术领域的先进水平的前提下，明确自己的定位和目标，各得其所，各展所长。

二、以系统的观点进行教育国际化

教育国际化不是一项单纯的工作，而是一项系统工程，需要高校内部各方面的协调。这主要体现在以下两个方面：

1.相应调整高等院校内部教育制度。高校教育要国际化，不可避免的是接轨国际通行的人才培养模式和质量评价标准，参照国际相关专业培养方案，改造和优化课程体系，规范和推进教学改革，加大人才培养模式改革，这是与国外院校实行"学分互认"和"互授学位"的前提条件。在明确教育国际化的必要性基础上，学校(包括职能部门)和各专业学院制定相应的管理制度是必不可少的条件，规范的管理是教育国际化顺利实施的保障。

2.创新教学科研评价机制和标准，提供创新平台。合作办学、教育项目合作属于教育国际化的初级阶段，属于本科教育范畴，这些方式为引进先进教育理念和教育资源做出了很大贡献。然而，要真正实现提升教育水平和培养质量的目标，为我国经济社会发展培养高层次的、具有国际竞争力的人才，教育国际化更应该是在研究生，尤其是博士研究生层面，而研究生教育国际化的标志应该是科研合作国际化。可以说，通过国内外校际之间的交流，建立科研合作协议，在充分发挥双方导师作用的基础上，推动研究生直接参与国外院校的科研项目研究，是教育国际化向更深层次发展的必然。

科研合作国际化对研究生导师提出了更高的要求：一方面，研究生导师需要与国外高校、国外导师密切联系，承担更多的"服务"工作；另一方面，国内导师必须加强与国外导师在科研工作上的合作，进而为研究生提供更好的创新平台，保证学生在国外参与的科研实践与其在国内的研究内容一致。相应的评价机制和标准的创新有利于对国内导师进行引导。

三、以多种方式推进人才国际化

引入海外高水平人才是人才国际化的主要途径，但是鉴于研究条件和生活环境等各种条件限制，引入真正的高水平人才，尤其是国际知名学者的难度较大，而且成本高。一定程度上，选派教师到国外高水平大学进行访学或参加专业培训可以有效缓解国际化人才短缺的矛盾，但是这种途径存在受众面窄、周期长的问题。从某种角度来讲，"请进来"——邀请国外知名教授、学者担任客座教授，利用其休假时间进行访问和讲学，很具有实践价值。新加坡政府就是利用这个途径大大提升了本国的高等教育水平。这个途径会涉及上述的内部教育制度调整的问题，比如，有可能需要对国内通行的每学年2学期的体制进行调整等。

四、大力发展留学生事业，构建国际化氛围

教育国际化的目的是通过运用世界经济、科技、文化的最新成果培养具有全球化视野的人才，要求学生加强对国际政治、经济、科学、文化等多方面的了解，使学生成为国际问题专家。不同种族、不同信仰、不同经济条件的学生共同塑造出的文化氛围，可以在一定程度上实现这个目的，南京大学中美文化交流中心的中美项目在这个方面积累了非常成功的经验。此外，发展留学生事业还可以有效推动高校管理模式的国际化、规范化，有效推动师资建设和科研水平建设，相应地提高高校的国际影响力和知名度，加快其国际化进程。

教育国际化是我国高校适应经济社会发展的必然选择，是建设现代大学的必然途径，是当前我国高等教育发展过程中最重要的阶段任务之一。对于我国的高等教育，尤其是研究生教育来说，要坚持以科学发展观统领教育工作的全局，通过教育国际化推动我国的科教兴国和人才强国战略，启迪青年学生的思想，丰富他们的知识，拓宽他们的视野，为他们创造参与国际交流和创新的条件和氛围，使他们通晓国际规则，具备国际视野和跨文化理解能力，能够参与国际竞争，同时，也要努力培养他们的国家认同感、民族认同感和文化认同感，最终实现我国高层次人才国际竞争力的提升。

多年来，首都经济贸易大学一直在教育国际化方面积极探索，在北京市教育委员会的支持下，于2008年年底开始建立"北京市高等学校国内外联合研究生培养基地"。本书为进入该基地的博士、硕士研究生和本科生赴美学习归国后所写的感受，诸多内容涉及中外高等教育的比较和开展教育国际化的建议，希望对国内其他高校深入开展教育国际化有所启迪和帮助。

首都经济贸易大学党委书记柯文进

目 录

UC San Diego

——一本厚厚的教科书

　　时光飞逝。不知不觉中我已经结束了在美国加州大学圣地亚哥分校（UC San Diego，UCSD）一个多月的学习生活，在这一个月之中，我感到受益匪浅。不论是在我的学习方面，还是在我的生活方面，我的自主能力和处事能力都有了很大的提高，我对于贸易经济的研究和学习也都有了较大改观。

　　首先是学习方面。在美国加州大学圣地亚哥分校的学习使我的学习自主能力有了很大提高。以前学习专业课之前我很少做充分的预习，因为即使不预习我也能跟上老师上课的进度，所以在时间紧的情况下，往往忽视了预习这一环节。然而在美国学习期间，我深深感觉到了预习和自主学习的重要性。项目的第一节课，老师就发了一个课程大纲，上面列出了老师每节课要讲的主要内容，以便我们课前做好充分的预习。开始，我对那份课程大纲并不在乎，以为上课听听就能理解了。然而在开课的头一周，我浑然不知所措。因为课前准备不充分，再加上不适应那里的学习方式，上课根本不知道老师在说什么。在被两次课堂提问之后，我才彻底醒悟。课堂提问是随机的，第一次随堂案例课

时，我丝毫没有准备，因此学习效果很差。因为老师问的都是本节课将要讲的课程内容，如果预习不充分，是不可能参与其中的。之后我与老师交流，老师告诉我课前要充分预习，而且要做笔记。我试着作预习笔记，但每节课前几十页的阅读量对我来说是个极大的挑战。于是第二次我还是怀着侥幸心理，以为老师不会提问。随堂提问的结果又给了我当头一棒——一堂课几乎没法开口。回到寄宿家庭（Homestay）后感觉很对不起送自己来学习的家人，说不清是因为痛苦还是惭愧。当时觉得很孤独，很苦闷，很无助。但很快，我把负面情绪抛掉，因为我知道消极情绪并不能帮我，我只能自己振作。

之后的每次课前，我都做好充分的准备，有时候会熬到夜里两三点，感觉身体很疲惫，但心里很高兴，因为我看到了自己在一点一点地进步。此后的随堂提问、作业和案例设计中，我发挥得越来越好。随着学习的逐渐适应，预习越来越充分，加上学会利用图书馆的丰富资源，我感觉课堂学习的乐趣越来越多了。

尤其是在商业策略课上，通过与同学们小组合作的过程，我知道了自主学习、团队学习的重要性，也养成了自主学习、团队学习的习惯。我要继续保持这种良好的习惯，使以后的学习更加自主，更加有效率。

很多人认为，美国学生很会玩，对学习毫不在乎。以前我也有过这种想法，感觉美国的大学生学习都很轻松。见识了美国同学学习，并且和他们在图书馆一同复习之后，我才了解到美国同学学习远比我们想象的要刻苦得多。有很多艺术专业的同学为了做好一个模型，会连熬几个通宵，尽全力画图、测量、设计模

型，直到他们觉得每一个小的结构都令人满意为止。另外，当时看到一些越南同学带着铺盖在图书馆通宵学习的劲头，让我感到一种莫名的压力，因为我知道，未来在世界贸易领域，他们将成为我们最强劲的对手。

除了学习之外，使我受益的还有那里的生活。当坐上飞机，看着首都北京美丽的景色渐渐离我远去的时候，我就知道从那一刻起我要在另一个国度独立生活一段时间了。因为离开了家人，离开了老师朋友；因为从那一刻起，我就要独立住在Homestay家中，面对这一个多月的生活中可能面临的各种新问题、新事物。我知道前方会困难重重，但是我要带着梦想独自闯天下，我把自己的博客标题修改为"出去，就要把梦做得更大一点"！以前在国内，遇到困难可以找朋友们帮忙，然而在美国，在这一个多月的时间里，每次遇到困难，每次想找他们帮忙时，才想起他们和我相隔着一个太平洋，他们都在地球的另一边，相隔16小时的另一边。我再也不能遇到点困难就发短信、打电话向他们诉苦了，所有的困难我都要独立面对了。在那里，周围很多人告诉我，在美国无论发生什么事都是可以解决的。于是，我学着自己处理好生活中的各种问题，使自己在美国短暂的留学生活更充实、更有意义。

Homestay家里经常会有各种各样的派对（Party），规模大小不等，派对上一般都会提供免费的饮料和小吃。曾经看到很多中国留学生，包括我在内，每天下了课就泡在图书馆里学习，每天好像有学不完的东西。感觉自己出国不就是来学习的吗，如果不利用好每一分每一秒学习的话，好像就对不起家人似的。其实我们出国留学，不光要学好国外先进的文化知识，更重要的是开阔眼界，亲身体会一下国外的风土人情，广交朋友。后来我也经常参加各种派对，不仅使自己在学习之余得到了放松，还大大提高了自己的英语交流能力，最重要的是结交了很多美国朋友。不结交一些当地的朋友，是无法真正领略到他们的生活方式，无法真正感受到美国的风土人情的。对于即将要出国留学的学弟学妹们，如果出国后成天还是只跟中国人交往，可能CQ（文化指数：Culture Quality）的发展就会受到影响。其实最好还是能跟当地人做朋友，这样不但能够很快提高自己的英语水平，而且还可以了解到很多当地的文化。

以前常常听说，美国人都是自顾自的生活，都很冷漠。然而我在美国感受到的却是一个很温暖的氛围。每天走在校园里，迎面走来的人总会对我微笑，无论认识还是不认识。他们的笑容让我感觉到美国人并不冷漠，而是很友好。初到校园几天，就有很多老师见到我们主动打招呼，还说有事可以找他们帮忙，这使原本很孤独的我感到阵阵温暖。还有那里的授课老师，知道我是暑期项目生学习起来有些困难后，都抽出自己的休息时间帮助我，有时候还在课后为我讲解课上的难点。如此多的人主动来帮助我，这是我以前从未想过的。这让我感到了美国普通百姓、学生之间的情义，他们并没有忽视人与人之间的爱。我真正感受到了那句话，只要人人都献出一点爱，世界将变成美好的人间。同时，从他们身上我也学到了很多东西。于是我下定决心，帮助身边需要帮助的每一个人，也让他们

感觉到我给他们带来的温暖。

除了这些，学校的环境也是让人心旷神怡的。无论是校园里还是校园外，到处都是高大的树，还有树间蹦蹦跳跳的小松鼠，那种景象总是让人觉得很舒适，很自在。真希望有一天我们的校园也能有这样的环境。

总之，在美国加州大学圣地亚哥分校的学习、生活经历中，我不仅体会到了美国的校园生活和家庭生活，并且还学会了如何更好、更有效率地学习，同时自己各方面的自主能力都有了很大的提高。我想，从今以后，我更清楚地知道怎么才能更好地学习，更好地生活。这段学习、生活会成为我生命中最有价值的一段经历，更是我以后人生的转折点。我要好好珍惜这段经历，不辜负导师、家人对我的期望，努力创造出更美好的未来！

（作者：王翔 经济学院 2010 级博士）

从周末没有午餐到峡谷没有栏杆

在出国的这不到两个月的时间里，从生活习惯到学习方式，再到美国的风景区，只要每每与国内不同，我都用心记下，好回国后将更加翔实的美国体验写给后来人。正是这些不同体现了两国的各种差异，这些差异包括国情、人情、思维方式等，这些差异甚至影响到两国的经济发展。

一、周末没有午餐

"No lunch on week ends —Saturday, Sunday! "（周末——星期六和星期天——没有午餐）这是住在美国家庭里的第三周的周末，正当我们想要去冰箱里找点吃的时，在餐桌旁的凳子上赫然贴着这样一张字条，打消了我们准备打开冰箱的想法。

　　这次去加州大学圣地亚哥分校的学生被安排到美国家庭里寄宿（也就是所谓的Homestay），在来美国之前，学校会给我们一张纸条，上面罗列着各种你想要的关于美国家庭所能提供的项目，包括：是否期望家里有宠物，是否喜欢8岁以下的小孩等等。看来那张纸条还是非常有用的，我怕宠物或者小孩会影响到学习，我全部选择否。果然，我们这个Homestay里只有一对75岁左右的爷爷奶奶，他们已经结婚53年了，并且以此为傲，据他们说美国的离婚率超过50%！

　　虽然年近80了，而且爷爷的心脏还要靠心脏起搏器维持，但他们在生活中非常幽默，什么事儿都可以拿来乐一乐。看他走路时蹒跚的样子，就会让人立刻想起他胸前挂着的起搏器，不过当他开车时，总是速度很快，还有他车库里停着的那辆看似全新的跑车，你或许不会将这些与一个迟暮的老人联系到一起。相比于爷爷，奶奶显得异常干练，为我们做饭，每天接送我们的多半是奶奶，每个月近3 000美元的房贷压力多半压在了她的身上。据说他们以前还算富有，爷爷为政府干活，奶奶在某个企业做会计，2008年的一场金融海啸吞噬了他们毕生的财富——30万美元。但为了退休后找个安逸的住所，他们还是贷款在加州圣地亚哥买房，因为这里紧靠大海风景宜人，四季的气温波动也不大，是美国理想的度假胜地。不过令我诧异的是，美国政府居然允许70岁的老人贷款买房，这不由得让我想起经常能在报纸上看到的那个关于中国老太和美国老太区别的故事。期望他们在百年之后能够长叹一句：我终于还清了房贷！

　　说起美国的住房习惯，与中国的差别真是很大，他们大多数人喜欢住在郊区，我去过圣地亚哥的市中心，在那里也很少看到单元楼。住在郊区的美国人大概每个家庭都是一栋独门独户只有一层或者顶多两层的别墅，带花园和车库。我们这栋房子被老两口布置得精致异常，整个像进入了童话世界，墙上到处挂着布娃娃和各种泛黄的老照片，沙发的色调也是选用那种毛茸茸的深色，每一寸地板都被印着某种希腊字符的地毯覆盖，还有色调一致的老棕色家具，总能勾起人们对过去的回忆。我们四个人被分配到两间屋子，房间很小但很温馨，两张床，乳白色的家具，他们孙女的照片和各种毛茸茸的玩具摆放在书架上或者挂在墙上。据爷爷说这套房子大概需要30万美元，这样的价格在北京能买个两室的单元房就不错了吧。像圣地亚哥这样的旅游休闲城市，人口并不少，但他们大多住在市郊，所以导致城市空间开阔，一点儿也不显得拥挤。这样的好处是，没有什么能挡住你看风景，随便站在某个土坡上也能看到远处的小山连绵起伏，房屋错落有致。而坏处就是，住所离哪儿都比较远，想买罐牛奶也得开车去，最近的超市大概也要十几分钟的车程。

　　我们在圣地亚哥的学习大概持续四周时间。前两周的周末我们都在圣地亚哥的海滩或者市区度过，而平时周一到周五都要在加州大学圣地亚哥分校上课，中午来不及回家，午饭就在学校解决了，所以通常我们午饭都不会在美国家庭里吃。正好这周末我们感到疲惫不堪，想就在家里度过，到了吃午饭的时间，我们习惯性地去厨房看看，结果就发现了上面那张字条。"周末没有午餐"，很难想象同样做交流项目的中国家庭会发生类似的事情，我叔叔的朋友也有过接待国际学生的经历，据他说他完全把这个当做个人爱好了，只是为了给家里增添人气，所以基本上都会满足留学生的所有合理要求。无论如何，我们毕竟寄宿在别人家里，不好和人家理论，只能想房东留这样的纸条一定有他的道理吧。我们就开始想了，是我们有什么做得不对的地方么？和他们见面的第一件事情就是送礼物，中国人习惯于厚礼，我给他们带了爷爷传给我的古钱币和去云南旅游时买的翡翠，同学也有给他们带丝绸的，似乎没有失礼的地方。在和他们共处的这几周时间里，貌似也没有发生什么矛盾，老人喜欢安静，很多时候我们玩电脑都是插上耳机，上次他们的孙女过来玩，我也送了礼物，并陪她玩了好几天。

　　终于，我们有了答案：餐桌旁的那张字条起因于加州大学与美国家庭签订的那张关于学生暑期寄宿在美国家庭的合同。这个合同，也就是我们住在美国家庭里的法律依据，里面详细说明了他们应该为我们做的所有事情，包括早晚饭，但并没有提及午饭。我们并没有在这样的合同上签字，但也不得不接受它的规定。虽然当时无法接受，但后来我想这就是美国人所谓的契约精神吧。有时候坐在旅行巴士上看到窗外的交警向我们挥手微笑，我并不会感叹于美国人的热情好客，我会想大概他的聘用合同里会详细写明，如果有巴士路过，应该对游客挥手微笑。在美国一切都是按照合同办事的，人与人之间的关系很多时候都是靠着一纸合同绑定在一起。美国人也很难得把一个人称为朋友，如果他把你叫做朋友，那他一定是把你当做可以说知心话的好朋友，而这种朋友，他们一辈子也交不到几个。

所谓契约精神，是存在于商品经济社会的，而由此派生的契约关系与内在的原则，是一种自由、平等、守信的精神。它是西方文明社会的主流精神，亦为西方经济的发展提供了肥沃的土壤，但这些在"讲人情"的中国人眼中，有时候却显得另类和难以接受。

我并不想在此费尽辞藻来推崇美国的契约精神，进而贬低中国的人情社会。这种差别应该更多地被归结为两国文化的差异，但自满的美国人总是会认为自己的文化才是世界性的。当今世界的各个角落无不存在着美国这个"世界警察"的影子，对异于它的文化指手画脚。而"师夷长技以制夷"正是我这趟美国之行的目的，他们的这种契约精神确实对于我国发展市场经济有一定的借鉴意义。

二、坐在桌上的老师

在没来美国之前，就听说美国的学校给了学生身心发展上更大的空间。学生们能够更多地去接触外面的世界，接触他们赖以生存的环境和与之息息相关的社会。但来到这里后，我的感觉并不全是这样的。

的确，美国中学的课余生活很丰富，有话剧团、乐队、合唱团，另外还有许许多多体育项目任你挑选：垒球、棒球、橄榄球、游泳、跑步、网球，应有尽有。美国中学也注重能力培养和潜力开发，如此培养出来的孩子能力强，后劲足，潜力大，对今后的发展、深造确实有利。但随着学历的增高，课程的趣味性越来越小，取而代之的是各种填鸭式的教育。

这次我们的课程包括三门主修课程：产品市场和管理、组织领导力和全球商业战略。除三门主修课程外，在我们的课程单里还加入了很多演讲。这些演讲的老师中有两个华人，他们给我印象深刻。其中一个是张老师，看上去三十多岁。他来美国已经将近十年，在加州大学任教大概3年的时间，到美国后，他花5年的时间拿到了博士学位。他告诉我们，在美国想要拿到博士学位绝非易事，头两年完全是填鸭式的教育，要面对各种考核，眼看着身边的同学一个个地退出，最终他们那一届能拿到博士学位的只有47%！有个法国人甚至坚持了不到半个月就回国了！另外一个讲课的华人是孙老师，是我们首经贸的校友，主讲计量经济学。他已经步入中年，现在在加州大学圣地亚哥分校负责硕士和博士的招生工作。听他讲课确实受益匪浅，一会儿的工夫，黑板上就满是些数学推导公式。他告诉我们，在招生环节中主要考察学生的数理基础，通常一些简单的交流就能判断出一个人的数理功底。可见，在美国到了硕士、博士阶段，教学是非常注重基础知识和学术研究的。

　　下面再来讲述一下那三门主修的课程，这个项目在我们学校已经办了多年，期望写这些能给后来人有所帮助。教产品市场和管理课程的是一个中年美国人，他主要注重知识的灌输，每节课开始前都会将他的PPT全部打印出来，给我们人手一份。在讲课过程中，每当有必要举例说明时，他总是让我们自己拿出例子来，然后他再加以分析。除此外，课堂中的互动是比较少的，最后的结课也是采用论文的形式。教组织领导力的老师是位华裔美国人，祖籍在厦门，一个非常和蔼可亲的老伯。感觉在他的课上我能学到更多，课堂上他总能说一些道理，让我们轻松愉快，心境平和，有时候还能找到成就感。他也是互动最多的老师，经常一整节课和我们一起做游戏，再在游戏后给我们讲述各种道理。在上过上面两门课后，学校给我们分配了一个标准的美国人，上全球商业战略的课程。老师体格健壮，眼睛深邃，鼻梁高挺，西装革履，皮包里放一个13寸的苹果电脑，电脑桌面用的是他10岁孩子踢球的照片，证明他有一个幸福美满的家庭。他上课的方式也是非常美国化，时而自己阐述理论，时而和我们自由地互动，最后的结课也是让我们去台上做PPT展示。这三门课的课堂氛围都比较宽松，老师们会时不时地坐在讲台上为我们授课，但这一切显得非常自然，我们并不会觉得受到冒犯，相反，在这样轻松的氛围下，学生们能学到更多的知识。

　　总体上来说，美国的教育在中学以前都是"玩"为主，而这样的玩，能让学生的思维受到启迪，让学生更好地发现自己，了解自己。大学之后才是真正学习书本知识的教育，他们的研究生和博士生都要求拿出一定的科研成果，这对很多人来说并不容易。国内的教育好像多半是强调超前教育，幼儿园学小学的知识，小学学中学的，中学学大学的，等到了大学你会发现又开始学习好多本该幼儿园就学的知识，比如德育、礼仪、孝道等等。毕竟迄今为止，还没有中国国籍的人获得自然科学和经济学方面的诺贝尔奖，在教育体制这方面我们确实还有很多有待完善的地方。

三、峡谷没有栏杆

　　美国的风景可以真正称得上纯自然风景，毫无人工雕饰。科罗拉多大峡谷是地球上的七大自然奇观之一，据说从太空看地球，唯一可以看到的自然景观就是科罗拉多大峡谷。1903年美国总统罗斯福来此游览时曾感叹地说："大峡谷使我充满了敬畏，它无可比拟，无法形容，在这辽阔的世界上，绝无仅有。"就是这样一个深1 500米的大峡谷居然没有栏杆，每个来此游览的人为了与大峡谷来个亲密的合影，只得慢慢挪步过去，若是一不小心失足落下，那就真是粉身碎骨了！正所谓战战兢兢，如临深渊啊！由于峡谷的路并不平坦，我们的旅行车只得停在景区外面，景区内有专门的旅游巴士在景点之间接送我们，每处景点都是纯天然的风光，让你不禁感叹大自然的壮美。

　　另外一处令我感受颇深的是黄石国家公园，它是一个实实在在的荒野，在这里，你可以感受纯粹的自然。公园99%的面积都尚未开发，大量的生物得以繁衍，这里拥有陆地上数量最大、种类也最多的哺乳动物。最初引起人们的兴趣并使黄石成为国家公园的是奇特的地热现象，这里拥有比世界上其他所有地方都多的间歇泉和温泉，彩色的黄石河大峡谷、化石森林，以及黄石湖，都美不胜收，令人过目难忘，正所谓天地有大美而不言。

反观国内的一些旅游景点，全是人为的痕迹，有些地方政府甚至动辄耗资数亿兴建名人的故居，将人类活动的历史踪迹和大自然的本来面目彻底毁灭，完全丧失了那种原汁原味的美。由于大兴土木，耗资不菲，这些投入的钱都要通过门票收入收回来，导致了全国各大景点门票的奇高。要知道，在美国进入黄石公园，每辆可以载60人的旅游大巴只收50美元的门票。在美国，是通过低廉的门票吸引游客过来，从而带动周边地区经济的发展。

四、结语

这是一个个人主义思潮澎湃的国度，这是一个因材施教，注重个性培养的国度，这亦是一个深得上帝眷顾，拥有不饰雕琢的自然风光的国度。但它的名字毕竟叫美国，而我们都是引以为傲的中国人。当飞机在首都机场降落的那一刻，看到无数黄皮肤、黑眼睛的中国人，还有那些可爱的方块字，顿感无比的亲切，我又回到了这片深爱着的土地。

（作者：范家曦 金融学院 2011 级研究生）

那么"美"的日子

——2012年暑期UCSD交流项目经验

直到今天，想起暑假在美国加州大学圣地亚哥分校交流的日子，还是会很激动、很幸福。那里善良的人们，舒适的气候，浓厚的学习氛围，以及无法用语言形容的景色都给我留下了深刻的印象。

一、有关学习

去美国之前曾经在网上查过加州大学圣地亚哥分校（UCSD）的一些资料，知道这所学校在全美综合排名37，产生过好几位诺贝尔奖得主，地理位置优越，气候宜人，而且还在我最喜欢的加州。所以，带着一丝膜拜的心态开始了在这所美国知名大学的学习。

早就听说UCSD的图书馆是盗梦空间里第三层梦境——雪山中的医院的灵感来源，所以第一天早上怀着好奇和兴奋的心情，我们早早就到了学校。学校没有一个宏伟的明确的大门，只是一个很小的牌子上写着University of California, San Diego。但是你走在校园内，那严谨和浓厚的学习氛围是非常强烈的。Geisel Library位于校园的中央位置，校园面积非常大，刚开始的几天我们都会迷路，迷路时我们的方法就是找图书馆。第一眼看到Geisel Library，确实会让人马上想到盗梦空间，实在太像了。走进图书馆，里面非常人性化地为小组讨论设计了单独

UCSD的Geisel Library   盗梦空间中的医院

的屋子，也有供同学休息的沙发。当然，最重要的是里面的学术资源非常丰富，很多在国内查不到的资料在这里都能找到。

四周的学习中，学校为我们安排了三门课程和一些讲座、参观。上课的时间是周一至周五每天上午十点到下午三点，上午下午各两个小时，中间十二点到一点是午饭时间。三门课程是产品市场与管理（Product Marketing and Management）、组织领导力（Organizational Leadership）和全球商业战略（Global Business Strategy）。不得不承认，授课的老师都非常优秀。"产品市场与管理"这门课上，老师结合课上所讲的内容，带我们做最新的知名企业案例分析。每节课结束后，老师都会细心地为我们准备下节课要分析的企业案例，让我们自己课后先阅读一下，这样我们就可以在课堂讨论前，先查阅一些相关的资料。在国内，一方面由于自己学的专业与市场营销有一定差距，另一方面自己对这个领域的信息关注的也比较少，所以对于最新的企业市场动态不是很了解。通过这门课程的学习，知道了企业是如何制定和实施产品营销战略的，以及消费者对于商品营销的不同心态。"组织领导力"这门课的老师是黄教授（Professor Huang），也是给我印象最深的老师。他60多岁，有丰富的面部表情，经常和我们开开玩笑，但是另一面，他精通心理学，也很有哲学思想。在这门课的课堂上，有两件事对我以后的人生都有很大的影响。第一件事是他告诉我们"Present is a present"，即我们要珍惜眼下的每一天，不要纠结于过去，也不要每天都幻想和指望着未来。第二件事是，有一次课后的作业是他让我们每人写三个短期或长期的目标。看似简单的一道题目，我却想了好几天。因为当他提出这个题目的时候，我突然发现自己几乎是没有目标地过着每一天的日子，并没有切实地为自己的未来设定一个或几个目标去努力。意识到这件事的时候，其实是有一点羞愧的。正是因为有了这次作业，我开始努力沉下心来想想自己在接下来的日子该做些什么。"全球商业战略"这门课开的比较晚，大概是开始上课两周后才开始的。通过这门课的学习，会对企业的战略制定有初步的了解，企业会根据不一样的环境做出不一样的决策。第一节课老师就将我们所有人划分为两个大组——eBay组和吉利组。这是为了最终的现场展示（Presentation）所划分的。我们小组负责的是为eBay再次成功进入中国市场进行分析和制定战略。老实说，这门课的期末考试是最难的，耗费了我们最多精力，但也是收获最多的。我们通过小组的讨论，一起查资料，一起做PPT，最终获得了eBay大组中的第一名。

在这三门主要的课程之中，还穿插了一些讲座和两次参观活动。讲座的内容都是相关学科内最前沿的动态，知识性强但不乏味。老师们都尽量放慢语速并简化专业词汇，好让我们能够听明白。

总而言之，这次在UCSD的学习虽然时间只有短短的四周，但是收获却是非常多的。在这样的一个学校里学习，是一件非常愉快的事情。学习结束的时候，我们几乎所有人都不愿意离开这里，因为UCSD的老师非常好，UCSD的学习氛围也特别浓厚，同学之间也由开始的陌生人变成了好朋友。这是一段丰富的人生经历，是那么"美"的一段日子。

二、有关生活

当时选择UCSD的原因除了学校排名靠前，地处加州，还有一个就是可以住在当地的美国家庭里，而不是住学校的宿舍。这样可以使我们更容易了解真正的美国文化和美国生活，也能锻炼我们的英语口语。

我们是两个人一个房间，四个人住在一个家庭里。美国家庭的女主人叫Becky（贝姬），男主人叫Rudy（鲁迪）。Becky人特别好，对于我们是有求必应，甚至会帮我们全班人办派对（Party），接我们的同学去海洋世界（Sea World）。所以后来在我们之间流传了一句话叫"有困难，找Becky"。Becky每天都活得很开心、很充实，虽然工作很忙碌，经常都是早上6,7点出去，半夜才回家，但她却能永远充满活力。记得我们曾经问过她为什么总是这么快乐，她说因为她在做的工作是她喜欢的，她希望通过自己的努力让每个人都开心幸福。这一点也是给我们四个女孩影响非常大的。因为在中国，很多人找工作看中的都是报酬或者前途怎么样。而在美国，包括Becky和给我们上课的老师在内的很多人，他们找工作首先考虑的就是自己的兴趣。正是因为自己感兴趣，他们做起事情来才会充满活力，而不是像我们一样一工作就满是抱怨。Rudy也特别可爱，他说话会有一些口音，以至于我们有时候会听不懂。但是他又特别喜欢和人聊天，聊起来又没完没了。记得到美国的第二天晚上，Rudy给我们做饭，做的竟然是比萨和白米饭，在他的印象中好像中国人不管吃什么都要有米饭才可以。他对中国也有很多的好奇和疑问，我们都很开心地帮他解答。家里除了我们四个女孩之外，还有两个日本女孩和一个美国男孩，实在是一个大家庭（Big Family）。大家在一起相处得非常融洽和开心。

住在寄宿家庭（Homestay）的日子里，美国家庭会给我们做饭。但后来因为我们四个女生和另外三个人住得很近，我们两家人经常一起做饭吃，很多时候都是我们自己做好饭，叫美国家庭的主人一起吃。洗衣服的话，我们住的美国家庭都有洗衣机和烘干机，自己放进去洗就可以了。这个没有必要担心。

我们和美国家庭一起吃火锅

生活在圣地亚哥非常舒服，那里的气候一年四季都一样，只有中午的时候会有25°左右。刚去的时候，从北京的酷暑到那里还有点不习惯，早晚都会觉得冷，所以长袖的外套是非常必要的。可是后来，学习结束开始旅行的时候，到了纽约一些地方，却又因为适应了圣地亚哥宜人的气候而觉得热得受不了。不过，圣地亚哥虽然不热，阳光却非常毒。我们好多人虽然涂了防晒霜依然还是晒伤了，所以一定要做好充足的防晒准备。那里的公交也很方便，学校会给每个人办一个学生证，这样乘坐经过学校的公交车都是免费的。我们每天下课后都坐着免费的公交到处玩，几乎逛遍了圣地亚哥的各个海滩和各个购物中心。

圣地亚哥的海滩是无法用语言形容出来的美，不同的海滩有不同的风光。在La Jolla Cove可以看到沙滩上上百只的野生海豹惬意地休息，而人们则小心翼翼地参观，生怕打扰到它们。在这里你会真正感受到人与自然的和谐相处。而在La Jolla Shores可以看到来度假的人们在沙滩上晒日光浴，在大海里冲浪，在草坪上玩飞盘等，那里的每一栋房子前都有漂亮的花花草草。Misson Bay则是停着许多游艇和房车，属于富人区。

在圣地亚哥一定要去的就是海洋世界，那里据说是世界上最大的海洋公园。本来对于我这样一个出生在海边的孩子来讲，对这种东西是没什么兴趣的，但是最终还是跟着大家一起去了。去了以后发现那里跟国内的海洋世界不太一样，表演很精彩，是典型的美国式表演，每一个表演都有相应的故事情节。而且还有杀人鲸表演，这个也是最好玩的项目之一。我们白天和晚上各看了一场。白天那一场我们去的有点晚，很快演出就开始了。但是进了表演场地却发现最前面、最中间的位置竟然没人坐，于是我们便一边庆幸自己幸运一边坐了下来。谁知表演开始了没一会儿，那巨大的虎鲸就游到我们面前甩尾，那尾巴一甩，我们所有人都湿透了，这才明白为什么别人都不坐在这里，因为我们这里属于"Wet Zone"，坐在这里就意味着你会全身湿透。果不其然啊，20分钟的表演，我们全身湿透了3,4次，那水还是咸的。好在那时候是中午，没一会儿我们的衣服就晒干了。吸取了这次的经验，晚上我们乖乖地坐到最后几排了。到了晚上，海洋世界还会有烟火表演，虽说不如Disney Land的精彩，但也值得一看。

在圣地亚哥短短四周的生活，让我们每个人都爱上了这座城市。我们四个女孩和美国家庭有了深厚的感情，我们邀请他们来中国旅行，Becky也答应我们说明年或者后年她一定会来中国，到时候我们会热情地款待他们。我也希望将来有一天我能再次回到圣地亚哥，回到UCSD，回到我们住过的Diane Ave。这次的交流学习，我们不仅在UCSD学到了很多知识，感受了不一样的学术氛围，也真正接触到了美国的文化，了解到当地的美国人是怎样生活的，并且被Becky乐观的生活态度深深感染。这一切的经历都将对我们以后的生活产生积极且深远的影响。

（作者：葛玥 会计学院 2010级研究生）

2012年夏，行走在美利坚的土地上

我们行走在人生的旅途中，时而为了心中的理想奔跑，时而为了路边的风景停歇。这次美国游学之旅，虽只有不到两个月的时间，却遮不住它在我心中留下的璀璨光芒：转眼即逝，但瞬间永恒。从凌晨4点多到首都国际机场T3航站楼准备出发开始，一幕幕场景在眼前浮现……

学在UCSD

加州大学圣地亚哥分校（University of California,San Diego）作为加州大学系统中的一员，久负盛名。四面延伸开来的校园直到临走前也没有逛完，没有固定的校门，各个学院的教学楼散落在校园里，还有大片的草坪、盛开的野花、富有想象力的雕塑……这次我们是参加全球领导力机构（Global Leadership Institute）的一个项目，4周内主要学习了三门课程，还穿插着讲座、参观，很是丰富。每次步入教室前，白色的玉兰跳入眼帘，沁人的茉莉花香拂面而来，美好的一天就这样拉开了序幕。

——领导力（Leadership）

这是在UCSD上的第一门课，也是我收获最大的课程，本质上来讲它应该不属于管理学的范畴，更偏向于心理学。通过每节课的讲授，或者更确切地讲是朋友般的交流，让我不断地去发现自己、认知自己、叩问内心。在课程的前半段，我们参加了MBTI职业测试，结果显示的是我们心灵深处想变成什么样的人，帮我发现自己性格上的特质。如今我们求职时，常常强调领导力的重要性，而领导一个团队，首先得从领导自己开始，从改善自己开始。每堂课基本上都有一个心理学上的主题，我还清楚记得那些刻在脑海里引人深思的语句："Present is a present for us. Cherish the gift and cherish the moment." "原谅别人从宽恕自己开始，forgive but not forget"……每堂课临近尾声的时候，都有15分钟左右的"What did you learn today"的时间。不要小看这短短的十几分钟，却使我下意识地把近两个小时的课程回顾一遍，汇报出来……这时候记住的，就不仅仅是课堂上学习的知识，而是值得永久珍藏的东西了。

——产品营销（Product Marketing）

市场营销算得上是管理学科的基础课程，但对于学习金融的我来说，还缺乏系统性的认识，可以说这门课程很好地弥补了我在这方面的缺失。虽说是全英文授课，但老师的语速并不快，也有PPT做辅助，所以理解起来并不困难。每次上课前我们都需要熟悉事先发下来的案例材料，以便课堂上讨论，肯德基、微软、苹果、耐克……这样一个个鲜活的案例串起了整门课程。最后结课作业是写一篇与耐克有关的小论文，五六页的长度，着实锻炼了下英文写作能力。

——全球商业战略（Global Business Strategy）

这是我们开的最后一门课，在整个项目的中后期，说实话，当时已经是玩心四起啦！现在回想起来，教授似乎介绍了各种商业模型，从内部环境分析过渡到公司战略、行业战略、全球战略，帮我们构建起战略分析的整个框架。印象最深的是结课时的小组展示（Presentation），我们组的题目是：易趣（eBay）的亚洲扩张策略。清楚记得展示前两天我们小组4人在图书馆的小组讨论室（Group Study Room）里尽情讨论、排练的情景……说到这儿，不得不赞下UCSD的图书馆！该图书馆据说是电影《盗梦空间》第三层梦境的原型，不过给我的第一感受却是像极了上海世博会上的"中国馆"。天晴时，图书馆的玻璃上就漂浮着蓝天白云；阴天时，图书馆也黯淡下来；当夕阳的余晖打在上面时，又是一番美景！

爱在圣地亚哥（San Diego）

如果现在让我用一句话来形容圣地亚哥，我想说这是一座浪漫的城市，一座充满爱的城市。对一个陌生人来讲，一个月足矣！爱在San Diego！

——爱这里的人

Becky and Rudi，多么幸运你们可以做我的homestay mother and father！做了十几个小时飞机的我们，看到手舞足蹈、无限活力的你们，顿时把疲惫抛在脑后……记得Becky做的美味烤鸡，记得Rudi的比萨配米饭，记得你们常常载我们上下学，带我们去Sea World，Outlets……只要交通不方便，你们一定热心地把我们送过去！谢谢你们和我们分享生活中的点滴，Becky年轻时的美艳照绝对胜过选美小姐；Rudi的长发朋克摇滚风，怪不得在酒吧能把Becky追到手……正是有你们，我们才能如此迅速地融入圣地亚哥的生活！谢谢你们邀请我们参加American Festival Party，谢谢你们为我们查找去洛杉矶的路线，谢谢你们为我们举办海边聚会，还热心地接送其他同学……太多的感谢，只能化成临行前哽咽的道别：How nice you are！Thank you！

Daniel，多么幸运可以做你的邻居！还记得第一次见到你家后花园时的欣喜，谢谢你常常邀请我们去你家做客，谢谢你把跑车开出来让我们坐，热心肠的你居然还把主卧室让出来给同学住，自己却睡在客厅……Yujun，多么幸运可以有你做朋友！刚刚来圣地亚哥工作一个月的你，其实还不熟悉这里的生活，却一直帮我们订票、订车，有时还充当司机的角色，带我们去超市、商场、海滩……没有你，或许我们在圣地亚哥的生活不会如此潇洒与惬意。你说你只是希望我们在异国他乡能感受到同胞带来的暖意，真心感谢！还有太多匆匆而过的人们——把迷路的我们送回学校的你们，每天和我们说"早上好"的你们……单纯而美好的圣地亚哥人！

——爱这里的景

舒适宜人的气候，蔚蓝的天空，绵延不绝的海岸线……不是哪个景点，不是某个特定的区域，圣地亚哥这座城就是一道亮丽的风景！我们在Sea World主题乐园里重拾童真与激情，在Old Town和Down Town感受新老城区的对比，在Balboa Park欣赏西班牙式建筑，在Outlet疯狂购物，在La Jolla Cove看海狮的慵懒，在Pacific Beach开篝火晚会，在Coronado Bay感受落日与圆月的交替，在Mission Beach等待火烧云……阳光、大海、浪花、白沙、游艇、夕阳、烟火……当我们慢慢习惯出门前抹50倍以上的防晒霜，当我们逐渐适应早晚的丝丝凉意，当我们不再恐惧蹦出不连贯的英语，我们却要和这座城说再见了！一个月，太短；一段记忆，却可以很长！

暴走美利坚

有人说：旅行，就是从自己待腻的地方到别人待腻的地方去！旅行的意义或许不在于沿途风景，而是在陌生的地方给你久违的感动。离开刚刚熟悉的圣地亚哥，我们开始了环美旅行……疲惫而又幸福！

——浮光掠影，加州不会哭泣

阳光照耀在加州的每个角落，晴天对它偏爱的让人妒忌。在旧金山，即使早上还是"雾锁金门"，午后也一定是万里无云——加州就像是个乐观的少女，加州不会哭泣！

旧金山，作为美国西部的金融中心，就像是西海岸的小纽约。走马观花地逛了逛市区，还路过了同性恋街区；坐上了渔人码头的邮轮，穿过金门大桥，路过恶魔岛。印象最深的是爬上九曲花街的最高点以及双子峰，回头一望，视野开阔，景象辽远！

洛杉矶，有别于想象中的高楼大厦，更多的是绵延开来的一栋栋精致洋楼，有种别样的华丽。迪士尼乐园、环球影城、星光大道、好莱坞山脚、比佛利山庄、小东京，基本上都留下了我们的足迹。最爱主题乐园里的疯狂与放肆！那一刻，我们是一群没有注册金融师（CFA）考试、没有注册会计师（CPA）考试、没有各种现实压力的纯真的孩子……

——灯红酒绿，拉斯维加斯不眠

拉斯维加斯，一座不夜城。40来度闷热的天气让人着实难以忍受，它就是在沙漠中用金钱打造出来的摩登女郎，吸引着游人前赴后继地来观赏！夜幕降临，华灯初上，威尼斯、百乐宫、小巴黎……夜游在这些奢华酒店，穿梭于纸醉金迷之中，太容易让人迷失自我。酒吧，轻轻一酌；赌场，小试牛刀；一看表，已是清晨，拉斯维加斯给了每一位游人不眠夜！

——自然野性，国家公园

黄石、大提顿、大峡谷、拱门、总统巨石、优胜美地国家公园，整理照片时才发现，原来我们走过这么多国家公园！这段旅程可以说是最辛苦的一段，经常是7，8个小时的车程只为一个景点。说实话，去过西藏、看过九寨，对这些美国政府"放养"的自然风景，我也只能说是so so！也或许是旅途的疲惫削弱了这些迷人风景的魅力，当真是"上车睡觉，下车拍照"，少了些真正游山玩水的兴致。

——繁华一瞬，纽约不会疲惫

美东行程的亮点在于美加边境的尼亚加拉大瀑布。登上观瀑船，听奔腾的水声，看绚烂的彩虹。即使穿上雨衣，依旧湿透，临近瀑布时，几乎睁不开双眼，肆无忌惮的水流倾泻而下，让人叹为观止！终于体会到"飞流直下三千尺，疑是银河落九天"的意境了！

为期20来天的暴走美利坚行程，最爱的就是最后三天的纽约自由行！美西的阳光海滩，美东的高楼大厦；美西的闲适宜居，美东的步履匆匆；美西的整洁恬静，美东的混乱聒噪……哪怕是走马观花，也能清晰地感受到这强烈的对比！走在第五大道、华尔街、时代广场，狭窄的街道，数不清楼层的建筑，随处可见的吊车……除非亲自走过去，永远不知道旁边街区的模样，你的视线被牢牢禁锢在这道路两边的"一线天"中！我就像刚从一个乡下进城的毛头小孩，暗暗感叹：原来这就是大都市！不禁想问，香港、东京、巴黎是不是都是这个模样？如果说纽约是加强版的、拉长版的、集中版的北京，北京是不是高攀了呢？城市定位不一样吧。值得一提的是中央公园，繁华的曼哈顿闹市中，格格不入的一片"原始森林"，喜欢这种闹中取静的感觉！

感恩美国之行，好一段珍贵时光！

（作者：孙玥 金融学院 2011 级研究生）

Hello, San Diego

Hello, San Diego！还是想用这个题目，这也是我校内相册的名字，虽然后来还从西到东去了美国的好多地方，但也不想改叫其他名字了，因为我觉得什么样的标题都难以概括这次出行，又觉得怎样的总结都无法掩盖它本身的灿烂。不过总还是要总结一下的，也让自己看看到底收获了什么。

一直特别喜欢Young for you这首歌，待在圣地亚哥的日子里，这首歌简直是完美的主旋律。气候好得没法说，阳光明媚，暖人身心，但早晚又微风习习，凉爽如秋，需得长衣长裤方可出门。于是在那边上长下短是合情合理的时尚，很多下面穿短裤上面穿棉衣帽衫的少年，也不乏一身清凉装扮但足蹬雪地靴的姑娘。但那里的阳光也确实强烈，走在街上的人们裸露的地方都被晒得发棕发红，但他们也以此为美。我现在肩膀上的晒伤还没有完全好，还是某一天因为穿了露肩膀的T恤而又唯独肩膀没抹防晒霜造成的，得出的结论是防晒霜还真管用。那天还是去的海洋世界，不过当然了，那个海洋世界大部分都是露天场，并且是兼了动物园和游乐场一起的，甚是好玩。

如果要我说圣地亚哥的两个特点，我第一个会说气候好，第二个就要说生活节奏慢了。的确，那里的人们生活节奏是很慢的，仿佛从来都不用着急做什么事情的。记得当时有很多孩子在家里做饭，一个女孩就负责切香蕉，就是很简单

地切成不薄不厚的片，但她足足切了20分钟。我和寄宿家庭（Homestay）主人开始聊天时她在切，聊完之后她还在切。我一方面觉得她效率真够低，不过另一方面觉得她这种不紧不慢的生活哲学也不失为一种智慧。同时，生活节奏的缓慢也使那里的人们格外友善，路上开私家车的司机们一副完全不着急到达目的地的样子，跟前面的车永远不会跟得太紧，也几乎从来没听到过鸣笛的声音；而在路上问路，很多时候他们怕指不清就直接带我们去，好像一天当中都没有别的要紧事要做，只是在街角等着一个有缘人来问路似的。

圣地亚哥的环境也真算得上怡人心脾了，到处都非常干净，又有各个种类的树木林立道旁，加上人也少，走在街上就有种很旷达的感觉。人行道上总是跑过晨练晚练或各种锻炼的人们，或者跑步或者骑车，给人积极向上的感觉。不过勤于锻炼的人们和超肥超大的人们数量可能不相上下，走在美国的商场或者学校里，就发觉得自己还真是纤细。因为是海滨城市，所以去海边晒日光浴或是冲浪的男男女女络绎不绝，圣地亚哥有很多知名的海滩，水清沙白海鸥众多的La Jolla，海豹慵懒出没的Pacific Beach，当然还有Black's Beach，那是个刚刚开发的裸体海滩哦，在那里的人们都心安理得地全裸示人，有的在阳伞下休息，有的在沙子上曝晒，有的与浪花玩着游戏。我也去了两次，第一次是以看客身份去打酱油，第二次就小露一下，身穿比基尼晒了会儿太阳玩了会儿水。也是入乡随俗，虽说没有全裸，但已经体会到那里的气氛。那里追求的是一种释放身体的感觉，仿佛肉身不用再受到外界的禁锢，于是心灵也能得到放松。这种对身体自由的追求在我的Homestay家里也有所体现，当然不是裸体，而是光脚。家里的孩子们去哪里都是光脚，不管是在屋里玩耍还是在院子里吃饭。我起初觉得奇怪，还问住家的小女孩，她说我们不会担心脚被弄脏或其他什么，只是很享受那种自由的感觉。受到影响，我后来也去哪儿都光脚了，确实有别样的舒服感受。

那里的人们强调自我，强调对个人的尊重。这不只是圣地亚哥独有的，而是全美国的气氛。但圣地亚哥人们的不同之处在于，他们的强调自我还要与生活节奏慢联系在一起，这就很有一种生活安适惬意的感觉了。比如在那里乘坐公交车，如果有个骑自行车的人要上车，那么她或他就需要把自行车放在公交车前面的架子上，而这个人通常需要固定很久才能确定自行车待在上面很牢固，但车上的司机或乘客完全不会着急，司机有时甚至下车帮那人固定自行车。还有对于残疾人的照顾，如果有坐轮椅的残疾人要上车，司机就会把车停稳，然后按个按钮，让公交车的地板掀起来一块，搭到地上当个缓坡，然后下车帮助推扶那个残疾乘客上车。一切让人觉得和谐又美好。另外，公交司机们很愿意与人交流，上了公交车你会觉得司机也是我们中间的一分子，他们会很积极地与人对话，到站时会声音洪亮地报一下站名，虽然大部分时候我都听不清他们到底在说什么，但能感觉到他们对这份工作的热爱与对生活的激情。

圣地亚哥真的有太多太多美好的地方，让我根本不可能在如此短的时间就总结完毕。只觉得总体印象就是那里阳光灿烂，人们友善，仿佛我们永远不会孤单。随便找个地方做点自己想做的事情，就觉得整个世界全是我的了。我确实很喜欢圣地亚哥，像我这么爱国又恋家的人都不禁滋生出想要定居在这里的念头了。唉，本来是想更多地总结一番自己的生活的，结果一谈起圣地亚哥居然就收不住口了。

我们后来还去了许多州，许多城市。最快捷地总结它们的方式就是排名。在我心中的第一名当之无愧是科罗拉多大峡谷，刚刚靠近悬崖时的腿软也真切实，但大自然给人的震撼确实令人感动。与玻璃桥亲密接触后就再也舍不得离开，趴在桥上俯瞰万丈深渊。熟悉了它的感觉，站在岩石上仿佛隔着高空就敢迈出去。真是爱那里呀！看过了悬崖峭壁深壑险谷，觉得心胸无比开阔，身体无比自由，我对着摄像机大喊我好爱这个世界。第二名当属尼亚加拉大瀑布。"雾中少女号"直向三面瀑布靠近，先是雨雾穿过蓝色的雨衣亲吻着我们裸露在外的肌肤，后来就是瀑布迸溅的水滴啪啪嗒嗒打在我们身上，我们为大自然从天而降的礼物兴奋地惊叫，也从彼此的脸上寻找笑意。据说这里结婚非常简易，过了18岁的两个人出示任意带照片的ID就可以登记结婚。在那跳动的疯狂的美里面啊，人们所有的疯狂都将被原谅。天下有情人都拉着爱人的手来这里吧，来这缥缈的人间仙境拥吻。

我们也去了传说中的黄石公园，可是它却没有挤进美景前两名，也许是因为平时见到的黄石风光照太多，也许是因为它太过安静而没有像峡谷或瀑布那样撼人心魄，也许只是因为那几天的我有些若有似无的坏心情。就像那句话说的，没有美丽的风景，只有美丽的心情。也许吧。一人独享美景是种浪费吧，而如果用坏心情迎接美景就简直是荒掷了。所以也许这是我对黄石的亏欠。

　　这次美国之行让我明白了一个道理，那就是最美的景致都应该是背景。这句话是我在拉斯维加斯一个高塔上俯瞰全市夜景的时候在心底发出的感叹，因为觉得再美的风景如果没有亲爱的或者友爱的人陪伴，真是良辰美景虚设了。这次的整个旅途我很感激一直有朋友们的陪伴，让我能够尽情享受美景，内心也不空虚。一群青春无限的十几岁二十几岁的少年，将近50天的日子里也必定要发生许多故事，有些令人唏嘘，有些又让人莞尔，有些也许将永远成为不能说的秘密，被时光留在那里，也留在我们的记忆里。我其实是个不喜欢"怀念"的人，但回来多日了，确实很怀念那段在美国的时光，那段与朋友们在一起活在另一个世界的灿烂时光。

（作者：高思凝 经济学院 2010 级本科生）

赴美暑期交流项目心得

2012年暑假，我参加了学校与加州大学圣地亚哥分校（UC San Diego）的交流项目，可以说这个暑假是我从上学以来过的最有意义的一个假期，非常充实的48天，我想对我今后都会有很大的影响，我所学到的不仅仅是课上的知识和英语，更多的是一种思维方式，如何看待你身边的人和事，如何做快乐自信的自己，以及友善、感恩这些被我们忽略了的人生态度。

学 习

我们在圣地亚哥分校有一个月的课程，其中有三门主要课程，分别是产品营销与管理（Product Marketing and Management）、组织领导力（Organization Leadership）、全球商业战略（Global Business Strategy）。"产品营销"的老师是一位非常和蔼友善的教授，授课过程中给我们举了很多很多例子，有我们熟知的苹果、耐克、李宁、Yum集团等，也有美国当地知名品牌比如Gateway、Sapple、Under Armour等，这些都使我们开拓了思路，同时也从另一种角度思考企业应如何营销。对于这门课印象比较深的是，每节课老师都会给我们发一篇文章阅读，让我们了解案例背景，然后课上进行讨论，在学完这节课后，老师也会更加深入地利用本节课所学到的内容去分析案例，最后我们还每人写了5页关于耐克的结课作业，起初觉得好难，但是在这个过程中虽然痛苦，却学到了很多很多，收获很大。

"领导力"是我印象最深的一门课，授课老师是一名华人教授，但课堂上无论老师还是我们都不能说中文。在这门课中我们进行了专业的MBTI测试，让我对自己有了更深的了解。由于老师的主要研究方向是心理学，所以课堂上有很多心理学方面的知识，我印象最深的一句话是"forgive, but not forget"。那些伤害过我们的人或事，我们要学会原谅且向前看，但是不要忘记教训，避免下次伤害。还记得我问过老师一个特别傻的问题，在MBTI测试那节课上我问老师，两个人在一起是性格相近比较好，还是有一定差距互补比较好。老师笑笑说不重要，最重要的是相爱、包容。还有很多这样的小例子，每一次都让我们觉得温暖。每节课快结束的时候，老师都会让我们自由发言这节课学到了什么，大家互相分享，是相互学习的过程更是巩固知识的过程。

　　"商业战略"课程的老师是一位年轻老师，他只用短短的几节课时间就把战略的整体构架讲得非常清楚，告诉我们如何分析产业内、外部环境以及企业自身的分析，最后我们分组做了PPT演示。我们分为两大组，分别是吉利案例组和易趣（eBay）案例组，在最后一天进行汇报。小组讨论的过程中我们学到很多。我们组的案例是吉利进入美国，通过一系列的分析，最后提出方案，就像是真正面对企业高管汇报一样，全英文的展示（Presentation）真的很锻炼人，但是我更加确信的是，努力和反复练习真的有很大帮助，最后我们小组获得了吉利组的第一名。

　　除此之外，课程中间还穿插有很多讲座，每个讲座都有不同的主题，都很有趣。此外我们还参观了Price Smart公司在圣地亚哥的总部，公司的领导层给我们做了介绍，让我们了解一个公司如何运作。参观学校工程学院给我留下很深的印象，裸眼3D电视、超大超清晰的图片处理、动态3D技术以及学校最著名的倾斜小屋，可以说是让我们大开眼界，我们看到了最先进的技术，也改变了我对工程的印象。

生　活

　　我们住宿全部采取Homestay形式，我和其他三个女生被分到Katrina家。令我感触最深的是美国人很直接，他们愿意或者不愿意都会明确告诉你。我们相处得很愉快，K家可能在美国并不算富裕，但却过得很安逸，她和他男朋友还有一只斑点狗，家里有四间屋，很大的客厅，还有一个非常大的后院以及游泳池，我想就相同的工作来说，在北京也就只能租一间一居室吧。有好几个晚上我和K聊天，其实文化上的不同并不多，相反我发现，其实人都是一样的，我们都会害怕虫子老鼠，都会吐槽男朋友的大男子主义，也同样会聊头发、指甲、帅哥……有时她的朋友也会来，我们在家开小型Party，也会一起喝两杯，周五晚上他们也会邀请我们一起出去玩。由于K每天都要上班，所以要很早就把我们放到车站，然后我们坐公交上学，到学校还要走很远，但依旧能提前一小时到学校。虽然每天上课很辛苦，但也真是锻炼身体，并且每天都比别人多出一个小时的时间学习，也很不错。周末出去玩，K不会接送我们，但这也锻炼了我们，现在我们对圣地亚哥了如指掌。

　　我最爱圣地亚哥的La Jolla Beach，真的太美了，我们都幻想能有一天可以在那儿拥有自己的房子，抽空就来度假，这里确实有无法用言辞形容的魅力。Sea World也很好玩，非常值得一去。

　　圣地亚哥非常安静，城市居民也不多，最主要的是气候非常宜人，在全美高温预警的情况下，圣地亚哥依旧保持20多度的温度。我最喜欢的还是这里的人，非常和蔼，你遇到困难大家都会主动帮助你，在公交上、校园里，大家也会互相微笑，彼此打招呼聊天，每一天，不管你早上第一站是哪儿，都会有好心情。去过太多冷漠的城市，你会感觉圣地亚哥真的很温暖，想让你慢下脚步，留在这里。

旅　游

美西的旅行多是自然风光，我喜欢旧金山的街景、罗马艺术宫和城市俯瞰，之后我们去了环球影城，非常好玩，我觉得那是类似极致的欢乐，让你觉得就算再贵的门票都物有所值，每一个游乐项目都做得很细致，让我体验到了什么是真正的3D和4D。在这里，我还看到了《马利和我》里面的狗狗表演的show以及《绝望主妇》的社区拍摄地。印象深刻的还有黄石公园，真的太值得一去，晚上可以在街边酒吧喝点啤酒high一把，早晨的公园，温泉到处都在蒸腾，犹如仙境，小鹿就在身边喝水，温泉是蓝绿色的。而且，我们还在路上碰见了野生熊，导游20多年在黄石也是第一次看到。在黄石到处都是景，何时都有得玩。还有我喜欢的就是拉斯维加斯，夜游非常值得去，各种极尽奢华的大酒店还可以小赌一把，我只赢了5美元，手气好的话也可以像我同学一样赢个900多。不得不提的是高塔酒店，推开门的一刹那所有人都惊呆了，在108层你可以看见整个拉斯维加斯灯火通明，这绝对是我看到过的最震撼的夜景。

美东之行主要是人文景观，波士顿很美很祥和，在那里我们参观了哈佛和麻省理工，行程很紧，如果时间允许，真应该放慢脚步，细细感受这两所世界名校。纽约给我的印象和想象中差很远，第一天我们到了布鲁克林桥，由于纽约几乎到处都在施工，一点美感也没有，之后的行程也让我觉得纽约实在是个拥挤混乱的城市，不论是第五大道还是时代广场，永远都那么拥挤繁忙，极高的建筑、狭窄的道路以及急匆匆的人流，给人压抑的感觉，和美剧里的印象天差地别。我想环球影城在塑造纽约"天堂"形象上做了极大贡献吧。但是，结束旅游后我住在同学家，发现了纽约的另一面，上城的纽约安静、干净，人们都很有礼貌，哥伦比亚大学附近的纽约就像波士顿，给人的感觉美好而亲切。

我想说，整个美国之行让我有了全新的体验，虽然旅途很劳累，但一切都是值得的，我最爱的还是圣地亚哥，风景优美气候宜人，一点都不浮躁，还有旧金山、环球影城、黄石公园、拉斯维加斯以及波士顿也都给我留下很深的印象。除了风景，还有美国人的热情友好，以及似乎与生俱来的自信快乐，这些都感染着我。这是一种很不一样的体验。

（作者：赵希茜　工商管理学院 2011 级企业管理研究生）

美国游学感想

　　曾经觉得，美国是一个那样遥不可及的国度，我对它的认识似乎只能是地图上的那一块陆地，只能是电视上的一段画面，只能是文章中那些隐约的词汇——"华尔街"、"白宫"。然而这一次，经济学院组织的美国交流项目带我真正踏上了这片对我来说充满未知的土地，怀着激动与好奇，零距离地触摸了美国，收获了很多在中国感受不到的东西。不到两个月的经历，让我至今依然记忆犹新，清爽美丽的城市，和善亲切的美国人，硬件设施齐全的校园，还有与中国不一样的衣食住行。

　　之所以想参加这个项目，一个原因就是想感受一下国外的教育方式。一直听说国外教育跟国内不太一样，说实在话，有时候挺羡慕国外的教育体制的，毕竟从小就是接受应试教育，特别是经过了考研。这次我们去的学校是加州大学圣地亚哥分校，这是一所非常有研究实力的大学，学校每年平均有19亿美元的经费，居加州大学系统首位。除此之外，素有最公正杂志之称的美国《华盛顿月刊》，在其最新公布的2011年度全美最佳大学排行榜中，加州大学圣地亚哥分校位居榜首。在那里我们学习了一个月，主要有三门课程：第一门是产品营销与管理（Product Marketing and Management），主要学习市场、市场环境、产品品牌定位、营销手段等方面的知识；第二门是全球商务战略（Global Business Strategy），主要学习企业跨国市场的前景和战略；最后一门课程是领导力培养（Organization Leadership），这门课主要是让我们了解真正的领导者要具备怎样的素质。三门课程学校都安排了最优秀的老师给我们上课，使我们更全面地了解了美国老师的授课方式。除此之外，课程中间还穿插了一些讲座，主要都是经济学方面的，把经济学的触角向各个方面延伸。学校还给我们安排了一些参观活动，我们参观了生物实验室、科技学院、Price Smart公司等，使我们在学校的学习生活更丰富、更有趣。

　　参加这次项目的另一个原因是我希望亲身感受美国的生活方式和生活节奏。因为我们要在圣地亚哥学习，所以这一个月的时间我们寄宿在当地人家里（Homestay）。在我寄住的家庭中，女主人是个叫Kay的风趣幽默的老太太，除此之外还有三个房客，一个墨西哥人、一个匈牙利人、一个美国人。大家都很友善，女主人晚上会做一桌丰盛的晚餐，当然都是西餐，大家都会围坐在餐桌旁边吃边聊天。Kay还经常去超市买很多果汁、新鲜水果、薯片等零食给我们吃，让我觉得有一种家的温暖。当然，圣地亚哥这个城市也给我留下了很深的印象。刚一下飞机，我就爱上了这个干净美丽的海滨城市。街道整齐、干净，没有人随便扔垃圾，在日常生活中我也感受到垃圾分类已经深入每个家庭、公民的生活中，走在大街上，各式各样色彩缤纷的分类垃圾桶随处可见。圣地亚哥的居民都很友善，走在路上，偶然碰到不认识的人，他们都会主动和我们打招呼。美国非主要马路没有信号灯，开车的人到达十字路口时，每辆车都会自觉停一下，观望后，再通过，相当自觉。而当行车在绿灯放行的路口需要右转时，看见右侧人行道上有行人时，开车人会停车等候行人通过，很多司机还会做手势示意行人先通行。城市公交车遍布全市，方便而且票价便宜，也不拥挤，每辆车只有一位司机兼卖票，凡是标有老年、残疾的座位，没有年轻人抢占，哪怕位子空着。对于我们这些不识路的游客，上车预先告知司机，到站他会热心通知你，服务态度很好。

结束了在圣地亚哥的学习后，我们一行人开始了环美西美东的旅游。这次为期近20天的环美旅行，我们总共走过了16个州，包括加利福尼亚州、内华达州、亚利桑那州、犹他州、科罗拉多州、怀俄明州、南达科他州、蒙大拿州、爱达荷州、纽约州、新泽西州、宾夕法尼亚州、马里兰州、弗吉尼亚州、马萨诸塞州、康涅狄格州。

我们去了优胜美地国家公园、黄石国家公园、科罗拉多大峡谷，呼吸着清新的空气，看着眼前自然形成的美景，让我们感叹自己的渺小，惊叹大自然的伟大。我们看到了全美国最著名的珠宝、皮件、服装、化妆品商店，它们集中在第五大道上，像一颗颗闪闪发光的钻石，镶嵌在第五大道的两边，吸引着成千上万的游客。在纽约，我们乘船绕曼哈顿岛游览，看到了自由女神像，大家都抢着拍照。自由女神像很高很大，很雄伟，气宇轩昂，让人不由得有一种觉得自己渺小的感觉。我们还看到了以"美国的金融中心"闻名于世的华尔街，美国摩根集团、洛克菲勒集团和杜邦财团等开设的银行、保险、航运、铁路等公司的经理处集中在这里，著名的纽约证券交易所也在这里。我们看到了白宫、国会大厦，还有华盛顿纪念碑、林肯纪念堂、杰弗逊纪念堂，素朴的白色一直是主调，放眼望去，白色的建筑，绿色的草坪及干净的湖水，让人惊叹首都原来除了繁华以外还可以拥有平静的美丽。我们这一路走来，参观了世界著名的哈佛、麻省理工学院等众多名校，它们一同见证了美国兴盛的过程。我们也看到了尼亚加拉瀑布，它位于加拿大安大略省和美国纽约州的交界处，是北美东北部尼亚加拉河上的大瀑布，也是美洲大陆最著名的奇景之一，它以宏伟的气势，丰沛而浩瀚的水量，震撼了所有的游人……

　　在美国，值得叙述的事还有很多，不得不说，这片土地给了我太多惊喜，我感到美国离我不再遥远，不再是脑海里那些模糊的概念，而是鲜明的人和物，是真实的场景和画面。两个月的时间，我们了解了很多，同时也生出了许多不舍。对于在美国所接触到的一切，我想我定会永远铭记。

（作者：王晓蕾 劳动经济学院 2011 级研究生）

脚 印

我永远在沙岸上行走，在沙土和泡沫的中间。高潮会抹去我的脚印，风也会把泡沫吹走。但是海洋和沙岸，却将永远存在。

——纪伯伦

一、圣地亚哥，求学之路

圣地亚哥是美国加利福尼亚州太平洋沿岸的海港城市，是美国第六大城市，以美国最舒适的气候、主题娱乐公园和文化历史建筑闻名，被评为美国最棒的十个城市之一，同时也是美国最安全的城市之一。这里冬季温暖，夏季凉爽，阳光充足。圣地亚哥的美丽风光及其友好的人民吸引着全世界各地的观光客，无论是充满殖民风味的西班牙式建筑，还是帆船游艇林立的拉荷亚海湾，或是美国青少年最爱的圣地亚哥海洋世界及圣地亚哥动物园等，这里的娱乐设施都吸引着大量的游人。此外，除了海湾崎岖，风景优美，真正让圣地亚哥出名的还是它的近代科技——无线通信和生物科技。而我们这一次求学的目的地——加州大学圣地亚哥分校就设在这样一个四季如春、景色如画的城市里。

还记得到达圣地亚哥的第一天，刚下飞机，加州灿烂的阳光一下子就照进了心里，如果非得要用一个词来形容感受，我只能说这里的阳光给我一种纯粹的感觉，让我宛若新生。如果说我之前对这一次美国之行还有一些忐忑，现在我的心已经完全安定下来。带着对这个城市的喜爱，我开始了在这里的求学之路。

首先，不得不提到我们美丽的校园，作为一所美国大学，它虽然历史并不悠久，但却有着广泛的知名度，校园不是最大的但却充满着十足的韵味。从一开始的不熟悉到慢慢使自己成为这所学校的一部分，从一开始的找不见路、找错方向到可以解答路人问题的"小灵通"，我爱上了这所绿树掩映、山路崎岖的校园。

其次，这里的图书馆可是一大特色，由玻璃构建而成的立体建筑，晚上与白天变幻着神奇的"魔术"，地下安静的自习室，楼里认真学习的学生们，楼道里陈列的现代化科技成果……这些无一不为这个奇特的建筑增光添彩。

再值得一提的是Price Center，我们吃饭的地方。这里的环境甚至比有些公园还优美，对于我们这些背井离乡、在外求学的孩子，在这里选择自己喜爱的餐点真的是一种特别的享受。

　　当然了，最重要的是我们在这里的20天课程。在这儿的20天中，我们主要进行了三门课程的学习：产品营销与管理、全球商务战略和领导力培养。教授们都十分有经验，使我们领略到了不同于国内的另一种教育，一种开放的、自我的课堂教育方式。这种直接用英语交流的课堂不仅让我们学习了英语交流，更让我们得到了相当多的专业知识。课堂里某同学一口方言式英语，真是让人记忆犹新、捧腹大笑啊。除了专业课之外，我们还听到了一些美国大学教授的讲座，虽然只有这几个小时的师生情缘，但大家依旧听得很认真，并从中学到了不少的知识。还有一些学校组织的颇有新意的校园行、校外行，让我们亲手触碰到了科技的最前线以及公司销售线的前沿。

　　其实不仅课本上的学习是一种收获，在寄宿家庭的别样经历更是一种生活的历练。犹记得第一次看见寄宿家庭女主人的情景，就那么一个人，以一种并不能说优美但绝对坚强的姿态坐在一个小小的轮椅上，以一种并不能说阳光但绝对温暖的笑容望着我们，当时我听见了种子破土而出的声音。当了解到家里只剩她一人的时候，我和同住的人内心都充满了惊异，在之后的生活中，我也确确实实从她的身上看到了那种独立自信的精神。我读懂了一种坚强，一种不屈服，一种美国人乐观的生命态度，一种对生命的真诚……虽然我们只能吃惯自己做的饭，虽然我们不爱她那种速食的饮食方式，虽然我们不喜欢她偶尔的"不干不净"，但是那种独一无二的家庭寄宿经历带给我们的或许是一辈子难以忘怀的记忆以及一份珍贵的人生宝藏。

二、青春之行，且行且珍惜

　　在圣地亚哥的一个月时光转瞬即逝，当终于把这座城市的每一个景观、每一条道路、每一种感情都铭记于心时，我们又踏上了一条畅游美国风光、文化的路程。带着依依不舍的情怀，我们离开了加州大学圣地亚哥分校，开始了美西的行程。

　　美西的行程十分紧张，许多地方走马观花般游览过后已遗忘在心底，但是黄石公园和拉斯维加斯却让我记忆犹新。

　　这个世界第一大公园——黄石公园，是全美最大的自然保护区，许多稀有动物以此为家。黄石公园的地热景观是全世界最著名的。确实，每一个旅人都会被眼前的奇观所震撼。数以千计的沸泉和池水碧蓝的大湖深潭在这片土地上以并不安静的方式讲述着自然的神奇。上百个间歇泉喷射着沸腾的水柱，冒着滚滚蒸汽。值得一提的是"老忠实喷泉"。那一会儿飞起，一会儿跌落，一会儿灵动，一会儿沉寂的水柱，仿佛在演奏一曲华丽的乐章。无论你何时到达这里，你一定会误以为进了魔幻的世界。更令我惊奇的是公园对森林的管理，公园管理处对黄石公园采取"以火管理"的政策，只要不是人为因素造成，且不危及人的生命及财产安全，园内的巡逻员都不会干涉林火，让它自生自灭。这种森林火给整个生态系统带来的好处很多。其实，火所烧毁的一切，从生态学的角度来看，并非浪费，只是物质和能量转换的一种形式。

但提到现代化娱乐建设，拉斯维加斯在西部可算是首屈一指。当旅行的脚步刚踏上这片土地时，我感受到的只有一个字：热！40多度的高温好像让人置身于火炉。但是得以游览世界上最美丽的夜景，我真的觉得不虚此行。酒店内灯火通明，大街上也亮如白昼。高贵优雅的室内布景，仿若真实的火山喷发，优美动听的音乐喷泉，喧嚣澎湃的歌舞表演……无一不在向我讲述这座"不夜城"的奢华与绚烂。

从拉斯维加斯我们乘坐飞机飞往纽约的纽瓦克机场，开始了我们的美东之行。

在这里，我爱上的不是繁华拥挤的纽约，不是充满历史气息的费城，不是政治中心所在地华盛顿，而是浑然天成的尼亚加拉大瀑布。尼亚加拉瀑布位于加拿大安大略省和美国纽约州的交界处，是北美东北部尼亚加拉河上的大瀑布，也是美洲大陆最著名的奇景之一。第一天我们到达这里的时候已是晚上，于是第一次与尼亚加拉瀑布接触是在入夜后。在红日西坠时，水雾在夕阳映照下有一种柔和温婉的美感，好似画中的古典少女。当夜幕降临，美国瀑布和新娘婚纱瀑布就有不同色彩的灯光照去，随着灯光颜色的变换，水色由白转为浅红，由浅红转为浅蓝，由浅蓝转为翠绿，神秘魅惑，让人如入梦中。

第二天早上，我却感受到了不一样的尼亚加拉大瀑布。这天上午，我们乘坐了著名的"雾中少女号"（Maid of the Mist）游船。上船前，每人领一件透明的蓝色雨衣便去排队，船一到，大家争先恐后地挤到了船头，座位形同虚设。参观第一个瀑布时已经远远感到了些湿气，不由得拽紧了身上的雨衣。当靠近第二个瀑布时，仿佛大雨从天而降，大家顾不得观赏美景都先匆匆忙忙护住了自己的物品。可是一波未平一波又起，"雾中少女号"一个猛子扎进了更大的水雾中，于是，少不了一身的淋漓和狼狈……

三、归程在即

伴着夕阳，我们离开了这个国家。这一个半月的时间里，我好像做了一场真实的美梦，转瞬即逝。与朋友从陌生到熟知，对英文从惧怕到运用自如，这次美国之行带给我的不仅仅是知识、友谊、休闲，更是一份巨大的财富。人常说：读万卷书，行万里路。但是我这一路所得到的却远远超过那一页页文字。有时候，文字所描述的东西实在太无力，我无法用它来表达全部的情感。但，这一程已然牢牢刻在我的心中，深深缠绵在我的梦里。

美国，晚安……

（作者：高原　经济学院 2011 级本科生）

圣地亚哥交流感想

城

初到这里觉得是典型的海滨小城，不过闲时逛逛却有意外的惊喜。随处可见的及人高的杂草和沙地，有时还有偶尔冒出的仙人掌，都在提醒这不是个普通的加州海滨小城。城市很友好，与人交流之间，随时都能感受到当地人对于圣地亚哥的热爱，这都在向外乡人传达着这个城市的魅力。

这里是加州，天天阳光明媚、万里无云是应该的。但从气候上讲，这里的气候最是适宜。靠着海边的地理位置让这个城市即便是在盛夏也不炎热，早晚凉爽，只有中午太阳当头才感受到夏天的温度。

这里有几个各有特点的沙滩，没有拥挤的大城市的高楼，只有低矮的小屋。往南走，越是靠近市中心，各种商场和吃饭的餐馆便越来越多。再往南就到了当地的著名旅游景点，老城。圣地亚哥是加州历史最悠久的几个城市之一，这里原有大量墨西哥人居住，从老城的各种装饰和贩卖的食物就可以窥见一二。老城颇有西部牛仔风情，各种精致的皮具、古董手枪等令我们目不暇接，真是恨不得把这些东西都搬回家。老城虽小，五脏俱全。有天主教堂，有历史博物馆，有保留完好的邮局和警察局。圣地亚哥的公共交通还算发达，相比较加州的其他城市，基本覆盖整个城市，纵贯南北。对于加州大学圣地亚哥分校（UCSD）的学生来说倒是很方便，一张学生卡自由地乘坐各路公交。UCSD坐落于城市北部地势较高的位置，每每坐着30路公交车一路南下，两边的风景都让我陶醉。

校园

我们上课的地点坐落于校园的东北部，这是我花了一个多星期才搞清楚的事情。UCSD的校园非常大，到处都是高大的尤加利树。这种特殊的树一直是棕黄色，加之校园在夏季学生稀少，整个校园给人寂寥的感觉。不过在加州永不更改的蓝天白日下，校园显得也不那么荒芜。

在头一个星期，每日都要捧着地图和指南针出行，不然只能在偌大的校园里打转儿。校园里有公交车可通达圣地亚哥城市的大部分地方。教学的阶梯教室周围很安静，树木环绕，伴有花香。学校距离Price Center（咱们定义的食堂）走起来有段距离，中午一个小时的时间一点都不富裕。每次经过UCSD地标建筑图书馆时都要感慨一下设计师的巧思，这样一个现代感的钢筋水泥建筑坐落在充满自然气息的校园里有一种强烈的冲击美。我总是迸发想要给它照相的冲动却总也无法用照片体现它全部的美。有这样的图书馆让我充满想进去学习的欲望。图书馆安静，人也不多，地下几层是自习区域，地上楼上的部分是分学科图书馆，不过找起书来挺费劲，我到现在都没有掌握找书的技能。每一层都有讨论小教室，里面设施齐全。图书馆的地下和地上都各有乐趣。下面自习的同学累了，便透过单面反光的玻璃看看外面不知情的路人整理衣服、摆弄头发的神态。路上的学生看书累了，便眺望一下远方的树木和山谷，甚至可以远远地俯瞰一下城市。

授课的三位老师严谨负责，讲授的内容十分充实，对于大一的我来说，有时还没有专业性的思考，不能像其他的学姐学长一样说出准确的答案来呼应老师。

"领导力"课程（Leadership）的老师是位华人，和蔼幽默，第一节课帮大家破冰，最后一节课用耐人寻味的游戏收尾。他更像是亲切的心理老师，帮助我们了解自己，开发自己。这某种程度上比文化知识更为重要，因为他教会我们如何待人接物，如何与人相处。

"市场营销"（Marketing）老师的课内容量很大，结构严谨、逻辑清晰，他给我们构建了清晰的市场营销知识网络。老师上课总是微笑，给人很温暖的感觉，哪怕偶尔下午累了，犯困，他也不会责备我们。他对我买的新巴拿马帽特别喜欢，举例子总是拿起来摆弄。

"全球商业战略"（Global Business Strategy）的老师年轻帅气，上课的知识量更是大得惊人，最后留的课上展示（Presentation）作业让我们充分利用上课所学的知识，使我们理解更加充分，还锻炼了我们的表达能力和团队合作能力，收获颇多。

家

"他们是来自太阳的家庭，有橘红泛金的头发和海水一样蓝的眼睛。妈妈是最炽热的部分，她有红红的面颊，那些眼角的细纹就是她横穿美洲的公路。她眼神坚毅独立，笑容给我力量。两个女儿是活泼的太阳风，每一次的喷射都是最婀娜的形态，唰的一下带给你青春的热浪。奶奶是黑子，虽然温度不够高，但是慈祥地重复着自己的友好。这里有四条狗：一只小绵羊、一个绅士、一个争强好胜的大屁股、一个笨拙的跟屁虫；这里有两只鸟，让我觉得是在森林的早晨；这里有两只鸡，让我吓了一跳；这里有只黑猫，跟黑椅子融为一体，只有眼睛忽闪闪。"

这是到家的第一天这个家给我的印象。以前也有过交流的经历，觉得没什么好紧张的，很快就跟家人打成一片。李曼是我的室友，在那天之前我们还不认识，我们是唯一一对随机安排到一起的，也算命中注定了。

家里人很友好热情，生怕招待我们不周。第一天晚上，姐妹俩就带着我们去沙滩漫步，她们的爸爸也和我们一起，看父女仁儿玩得尽兴，我们的情绪也被带动起来。每天晚餐，接待妈妈都会变着花样给我们做好吃的，偶尔爸爸也会一展厨艺，丝毫不逊色于妈妈的手艺。奶奶是最特别的一个人，她总有奇怪的笑话讲给我们听，虽然有时并不好笑，可我们看到她竭力想让我们开心的表情都忍不住笑起来。两个女儿都非常阳光开朗，尤其是妹妹，老拉着我们跟她一起玩，又是游泳又是做游戏，还打乒乓球，平时攒着不锻炼身体，反倒到了美国锻炼起来了。家里的猫猫狗狗多，所以总显得很热闹，几个小家伙总是来找我们玩，都特别听话又可爱，看得我喜欢的不得了。这期间，妈妈还在家里开了一个环保动员会，邀请了不少她的朋友，聚会组织的一板一眼，正式极了，让我们感受颇深。妈妈还邀请我们一同去剧院欣赏了一部音乐剧的首映，之所以可以如此，是因为妈妈长期在剧院做志愿者。我们观看那晚也是先做起志愿引导员。音乐剧非常精彩，叫《夜莺》，还是以中国古代为背景的呢。音乐剧结束后，我们还参加了Party，跟主创们见了面聊了天，非常愉快。爸爸带我们去了一次日落峭壁看日落，我们走到峭壁下的礁石上，看着忽高忽低的浪拍过来，真是刺激极了，中间还有个巨大的浪让我们所有的人都始料不及，大家都被浇成了落汤鸡。在离开前的那个晚上，我与李曼专程买了食材准备给他们做饺子。饺子味道好极了，包的饺子都被他们一扫光，让他们也见识了一下中国美食。最后离开的时候，在李曼的渲染下我也不禁有些不能自已，大家都红着眼眶合了影，然后就这样告别了。不过我相信这段友谊不会就此结束，以后还会有机会再相聚。

（作者：郭天钰 经济学院 2011 级本科生）

参加美国加州大学圣地亚哥分校交流随笔

黑暗的夜空中闪现出点点霓虹，AA187次航班即将抵达首都机场，我近两个月前从这里飞往美国，经历了人生中很多个第一次，体验了不一样的生活，现在回想起来，一切都像是一场梦。

我很早就知道学校和加州圣地亚哥分校有交流项目，早在一年多前，我就把参加这个项目列入了我的研究生学习计划之中。寒假过后，我就一直在等候学校的通知，等到学校开始招生的时候，我第一个报了名，接着就开始准备面试，虽然只是自己学院的老师面试，但是我也没有马虎，除了英文的自我介绍，还设想了几个可能会被问到的问题，例如：你为什么选择这个学校，你有什么学习计划，你觉得去做交流有什么好处等。在面试前还特地让舍友帮忙演练了一遍，然后我就充满信心地去面试了。面试的过程比较顺利，我几乎没有悬念地被分到加州圣地亚哥分校了。建议有意向的同学还是早准备，护照最好提前自己办好，这样可以节省后面的时间。学校的对外交流项目运作流程已经很成熟了，郑老师以及他的助手帮助我们填写申请美国签证的表格，为我们节省了不少时间。

现在我都还记得从芝加哥转机飞到圣地亚哥，快到目的地时阳光就很灿烂，从小窗户看下去，阳光，绿色的海水，沙滩，海港，小船，难以置信的清新，怪不得所有来过圣地亚哥的人都被它的魅力征服。

迎接我们的是个气质美女，叫Grace，我们在加州大学圣地亚哥分校（UCSD）的一切事务都是她负责。紧接着她领来了Homestay的家人，我们四个研一的女生被分配到一家，女主人叫Katrina，个子很高，人很热情，开车回家的路上就开始帮我们介绍哪里好玩。她是个不婚主义者，和男朋友一起住在她的家里。她家里养了只斑点狗，后院还有个游泳池。我们收拾了一下东西，晚饭吃的比萨，然后就睡觉了，第二天一早就要去学校。

加州大学圣地亚哥分校建于1959年，位于美国加利福尼亚州的拉荷亚，是一所非常年轻但知名度较高的综合性公立大学。加州大学圣地亚哥分校有着宽裕的联邦教育经费与世界级的研究实验室设备和专业图书馆等，更使其在各种权威校际评鉴中，始终名列前茅。校内设施样样齐全，奥林匹克游泳池、最先进的健康运动设施中心、书店、戏院、音乐厅、各种不同口味的餐厅、社团文化中心等，应有尽有，在此学习使我有机会体验到真正的美国式大学生活。

我们早上坐公交车到学校，美国很发达，几乎人人有车，所以公交车多是学生和游客坐。公交车司机几乎都是黑人，他们虽然工作很辛苦，但是都很负责，遇到有残疾人的时候，会亲自为他们把座椅收起来，然后帮助残疾人固定轮椅。乘客们也都很守规矩，自觉排队，没有争抢。所有的司机都非常自觉，遇到路上有行人过马路，一定会刹车，停下来让行人先走，即使路上没有人，遇到有减速标志的路段，司机也会踩一脚刹车，观望之后再走。美国的大学没有校门，第一天我们费了好大劲儿才找到要去的教学楼。不过问路的时候，美国人都很热情，遇到一个女士和我们去的地方很近，她就热情地让我们跟着她走。

学校提供摆渡车（Shuttle），在偌大的校园里很方便，就算是Shuttle没到的地方，凭学生证坐经过学校的公交也是免费的。学校里有很多可以吃饭的地方，大部分聚集在Price Center里。有美式快餐，例如Subway，Berger King等，还有印度、希腊、墨西哥、日本的菜肴，当然也有中餐，但是我个人比较喜欢印度和日本饭，米饭做得很软，中餐的米饭总是有些硬。还有强烈推荐一个吃自助的地方，在学院西边，加上税一共7.88美元，比较丰富，主要是可以吃到水果和蔬菜。

我们第一节课是黄教授的"组织领导力"。他是个很有意思的老头，给我许多人生的启示。他告诉我们不是说只有领导才需要学习领导力，任何想获得成功的人都应该学习领导力。领导力不是天生的，而是可以后天培养的，但是首先要做的事情是认识自己，只有认清了自己，才可以去领导自己，进而领导别人。他给我们做了MBTI测试，让我们更加深入地了解了自己的性格特点、优势和劣势，还给出了我们改进的建议。他会敏锐地观察到我们上课时的状态，如果我们显得无精打采，他会立刻转移话题，开展一系列有趣的课堂互动，使我们困意全无。每节快下课时他都会问我们学到了什么，听我们上课的感悟，这和中国式的课堂教育十分不同。

"产品营销管理"是由Belch教授给我们上的，他十分有经验，也很风趣，他喜欢吃Price Center的Rubio，通常他在早上会拿着一杯星巴克咖啡进教室，下午拿着一杯可乐进教室。他总是可以把我们身边随处可见的品牌和事例融入他的讲课中，把概念和理论变得浅显易懂。上他的课也不轻松，每次课前都有阅读材料，上课的时候会讨论，阅读材料都是一些品牌最新的动态，关于竞争、品牌营销等。最后交一篇关于耐克的品牌战略的小论文作为结课作业。我之前学过一些管理学的知识，也上过市场营销的课，但是都只局限于书本上的概念和定义，Belch教授深入浅出的讲授使我对这些知识有了更深层次的认识。

"全球商业战略"的教授长得年轻帅气，叫Michael，他的课被安排在最后，但我们都不敢掉以轻心。他一上来就把我们最后的任务留了下来，分组进行案例分析，我们组要做的是吉利汽车进入美国市场的分析。每次他上课的内容都是分析的方法和框架，我们认真地记录并尽可能应用到吉利的案例中去。我们小组为此讨论了很久，期间也出现过争执和分歧，但是最后在大家的努力下还是圆满完成了演讲，我们小组还被评为了最佳。我想这就是美国式教育和中国式教育的不同，老师不会强迫你做什么，只是会告诉你要做什么，至于做到什么程度，完全靠自觉。

美国的学生也很好学，尤其是排名靠前的大学，只是他们不会只局限在图书馆、咖啡馆里，校园里的草地上，Price Center门前的大台阶上，公交车上，都会看到有人看书的身影。我被这个学校的氛围深深吸引着。学校不远处就是海边，拉荷亚是我最喜欢的地方，在我心里，世界上最美的海边非它莫属。离开圣地亚哥后，最让我魂牵梦绕的地方也是这里。

在UCSD的一个月学习结束后，我和其他十几个同学一起开始了我们美国东西部的旅游，跟随旅游团途经了美西的九个州、美东的五个州、黄石国家公园、优胜美地国家公园、大提顿国家公园、尼亚加拉大瀑布，还有旧金山、洛杉矶、波士顿、纽约、华盛顿、费城、布法城等城市，感受了美国不同地域的风情，开阔了视野。不过，走的地方越多，反而觉得想去的地方越多。

很多人羡慕我得到这次难得的机会，我也羡慕自己，觉得很幸运，真的很幸运。我知道当我以后老了，回头审视自己的一生，这短短的一个多月，即使不是最浓墨重彩的一笔，但却一定是最独一无二的。这段时间认识了很多人，去了很多地方，感受了很多美好的事物，体验了很多幸福的感受。所有这一切，我将一直用心珍藏。

（作者：梁曦 经济学院 2011 级研究生）

美国行

在美国停留了一个多月，四周时间学习，十天用来游玩，但回国后最为留恋的还是圣地亚哥那个拥有怡人风景和善良心灵的地方。因为，就在这里，我收获了可贵的亲情和友情，一切都是那么美好。

尽管下定了决心要去体验美国生活，可由于没有朋友做伴，加上害怕不习惯美国当地的三餐，临出发前的一周左右我都处于焦虑状态。可当我真正踏上圣地亚哥的土地后，我的心情发生了微妙的变化——这里好美！尽管坐了十几个小时的飞机，我却丝毫没有感到疲惫，整个人完全处于对新鲜生活的猜想中：会遇到怎样的Homestay家庭？会和怎样的同学相处？所学的课程能听懂吗？

关于亲情

当接机的老师把我送到Homestay的时候，内心依然有些忐忑。当见到这家的女主人后，那份不安丝毫没有减退，因为她和我想象的样子有很大差别。随后，我被安排到自己的房间，和同屋的同学互相认识了一下。再之后，我了解到这家人有五口人：爸爸、妈妈，姥姥，两个女儿。爸爸做跟房地产有关的生意，妈妈是个驯狗师，两个女儿还都在上学，一个13岁，一个17岁，姥姥80多岁了。但这个家庭远不止这么大，家里还有四只狗、两只鸡、两只鸟和一只猫。所以，我的烦恼来了，我不仅要记住除了姥姥之外四个人的名字，还要记住这四只小狗和一只小猫的名字。可最让我难过的还在后头。晚饭居然吃的是生豆角和没有味道的鸡肉。我当时心里特别失落，草草吃了几口就上楼了。所以，第一天晚上我是满心忧虑地入睡的，我不知道接下来的一个月生活会怎样。

可很快我就发现这家人特别好相处。妈妈Judy表面看起来严肃一些，但接触起来很容易沟通。她希望我们在家里能随意一些，吃的用的自取就好，她是个喜欢独立的人。爸爸Eddie特别具有亲和力，时常的小幽默总能把大家逗乐，两个女儿明显和爸爸更亲近一些。但他最大的优点是会做一手的好饭，所以我们每天最期待的就是晚饭时间，最喜欢听到的就是"Time for dinner"！姥姥87岁了，身体很硬朗，但有时也会忘事，家里的大黑猫是她的心肝宝贝，她每天都担心自己的宝贝会走丢。另外姥姥也比较喜欢开玩笑，但大多都是旁人难以理解的冷笑话，相处的时间长了，我们也慢慢喜欢上了姥姥的笑话。大女儿Dana马上要上大学了，人很随和，假期一直在做志愿者，所以白天很少在家。小女儿Jamie很活泼，喜欢游泳，特别喜欢和家里的狗狗玩儿，我俩性格上的相似点比较多，交流最多。另外，四只小狗分别是Shami，Maggie，Mazy和Chase。我特别不擅长记名字，但我还是强迫自己在第二天把所有的名字都记下来了，出于对家里每个成员的尊重。

家里人热情好相处，加上我本身也喜欢交朋友，所以差不多四五天时间里我就有了一种强烈的归属感，我觉得自己已经完全融入了这个家庭。每天下午下了课我都会迫不及待地赶回家，我非常珍惜和他们相处的每一天。饭前，有时帮忙做沙拉，有时帮忙摆放餐具。饭后还会和大家一起在楼下客厅边吃爆米花边看电影，那是一种很幸福的家庭生活体验，那种感觉棒极了！我知道姥姥一个人在家很孤单，所以会常找时间陪她聊天儿，还从她那儿学会了打扑克，为了让她高兴还会故意输给她。看着姥姥一脸的得意，我也觉得很开心。

一个月里，这个家庭给予我们很多很美好的经历和体验。我们一起晚上驱车去海滩吹海风，去做志愿者，去看音乐剧，去看乡村音乐会，去爬山，去看电影，去超市采购一起在家包饺子。一切都是那么美好，和这家人在一起注定会拥有一段难忘的回忆。他们曾不止一次说我们是他们接待过的最棒的外国学生，但他们同样也是所有的Homestay家庭里最棒的。离别的那天特别伤感，那份不舍难以言表。人与人之间的情感是难以用时间的长短来衡量的，尽管只有一个月，我们却都已经将彼此看做了自己的亲人——Judy和Eddie把我们当作了他们的中国女儿，而我们又何尝不是觉得自己拥有了一对美国父母。不止如此，我还体验到了拥有姥姥和妹妹的美好。总之，此次美国行让我收获了一份极其珍贵的亲情。

关于友情

尽管一起学习的都是同校同学，但大家多数都彼此不认识，或许是因为在异国他乡的缘故吧，大家彼此很快就熟悉起来了。大家中午一起探索校园美食，放学后一起逛街寻景，不知不觉中，所有的同学都融入了这个大集体中，尤其当大家一起完成课后作业时，那份友情便又加深了许多。

还记得一次放学后，大家结伴去海边，除了尽情体验嬉水拍照的快乐，还不忘在海滩上刻下"CUEB"以示留念；还记得领导学课上，分组完成手工制作，那时似乎所有人都回到了童年时代，大家充分开发了自己的创新才能，积极为自己的小组献计献策，最终所有人都出色完成了各自的"创作"，并体会到了最纯真的快乐；还记得大家为了战略作业的展示（Presentation）而愁眉不展却又竭尽全力，最后每个组的展示都是成功的，每个人都是成功的。一个月的学习生活让身处异国他乡的我们没有感到一丝孤单，因为，我们结交了新朋友，有朋友的地方就不会孤独。

离开圣地亚哥后，同学中的绝大部分又都结伴报团去旅游了。期间我们去了旧金山、洛杉矶、丹佛和拉斯维加斯。正如预料的一样，跟团旅行是很辛苦的，每天早出晚归，晚上睡不了几个小时，白天坐大巴车就要坐几个小时，但大家每天一有空暇就会聚到一起玩儿各种各样的游戏，所以，每天过的都不枯燥。

很开心参加了这次暑期交流项目，这次美国行留给我的记忆是美好而深刻的。在这里，我收获了亲情和友情，让我始终心怀感动……

（作者：李曼 劳动经济学院 2011 级本科生）

经历，成长

——记录2012年在美国的暑假

2012年的暑假，在美国，我经历了太多，也成长了不少。这篇文字作为此次美国之行的总结，尽是我最真实的切身经历与感受，一来以此纪念这段难忘的时光，再者也希望能为他人提供些许借鉴。

学习——不仅从课堂之中

处在美国这样一个文化多元又十分发达的国家之中，本就有许多东西值得学习，更何况我们是去加州大学圣地亚哥分校（UCSD）完成三门课程。在课堂上，只要我们愿意，完全可以十分享受地度过每一堂课。事实证明，在来到这里之前，对于能否很好地理解课程内容的担心完全是多余的。老师们不仅会避免使用那些晦涩难懂的单词，还会十分留意同学们的状态，用适当的解释和肢体语言保证大家都能理解。而对于我们来说，最大的挑战可能来自于上课方式的转变，或者说，愿不愿意改变自己。众所周知，美国的课堂更注重学生的参与和意见的表达，这在我们的课程中体现得尤为突出。老师经常会与大家交流，询问同学们的想法。如果问我，再参加一次课程，哪里会表现得不同，那我第一个要说的就是要更积极地在课堂上表达自己的观点。这不仅能够提高英语口语水平，在各方面对我们都是一种锻炼和提高。而我们要做的只是说出自己的想法，参与其中。

一天的课在下午便早早结束，之后会有大量时间可以自由支配。UCSD的图书馆不仅外形别致，内部的环境、藏书和其他各种设施也均属一流，绝对值得

49

一去。若是长时间阅读英语有所厌倦，里边也有不少中文书籍可供选择，有些甚至在国内也并不多见。另外，在图书馆还可以直观地了解到美国大学里学生的学习状态，也算是丰富了自己的见闻。

在平时生活中，亦能学到很多。比如，我相信不少人都对和陌生人之间的问候、交谈印象深刻。的确，在美国，陌生人之间打招呼司空见惯。尽管很多时候这种交流是礼节性的，甚至感觉相识之人彼此的对话内容也不如中国人来得实在，但这种对他人敞开心扉的态度确实是值得我们借鉴的。

除此之外，在Homestay的生活也是我们了解美国的好机会。一方面我们可以最真实地体验到美国人的生活，另一方面在和房东的交谈中也可以更深入地了解美国社会，有任何疑问都可以向他们一探究竟。如果可以的话，一定要拿出些时间和他们聊聊天，在了解美国的同时也让他们更加了解中国人的想法。

生活中的种种乐趣

说起圣地亚哥，首先不得不提的就是大海和沙滩。来到以此美景而闻名的圣地亚哥，怎能不去海滩欣赏一番？圣地亚哥有几处沙滩，各具特色，最近的可从学校步行，但要途经一段崎岖的山路；远一些的也能通过公交很方便地到达，选好线路，带上学生卡可免费乘坐。总体来说海滩并不拥挤，除了享受美景，若是找到合适空间，与好友玩会儿飞盘、砍包等游戏，也是别有一番滋味。

在这段时间，我的一大乐趣便是观察美国在各方面与中国的不同。比如在美国普遍使用"叉式排队法"，即每个柜台前只留一人，其余全部在后面排成长长一队；公交车前挡风玻璃的下方会有几个支架用来放置乘客的自行车；校园里滑板盛

行，但大多作为代步工具……时刻关注身边的生活，会让你发现更多，收获更多。

在美国的这段时间是十分自由的，可以自行安排各种活动，去到许多有趣的地方。但我想要说的是，乐趣并不在某个地点，而是在路途当中。在一个完全陌生的外国城市里，大家自己确定线路、安排时间、寻找位置，这一切并非总是一帆风顺，但也正因如此才更加富有挑战性，每次出行才更加令人印象深刻。

其中，问路绝对可以说是一项日常性的活动，从洗手间到公交站，有太多的时候需要询问，而每一次问路的经历都各不相同。有时，被问的路人不清楚地点，便热心地询问其他人；有时，公交车司机看到下车后迷茫的我们，会跟着下来，告诉我们正确的路线；有时，正担心自己能否明白对方的回答，却听到一句"拿中文问吧，更方便"；有时……正是这些问路的经历让我们感受到一个更加鲜活的美国社会，也让我们的旅程更加精彩。

珍惜和感谢——同行的朋友们

一起朝夕相处在美国的20多位同学和带队老师，实在是此次活动中重要的一部分。你们给我带来了太多难忘的时光，留下了太多美好的回忆，只恨时光短暂。再多的话也难以完全表达我对你们的爱，只写下这两个词——珍惜和感谢。

美国之行已然结束，而未来的路仍将继续。

经历，成长。让我们以此铭记于心，继续踏上人生的旅途。

（作者：李兆辰 经济学院 2011 级本科生）

圣地亚哥交流感想

　　在回国的AA187次航班上，同行的小白同学在右侧酣然入睡，而当时飞机恰巧穿越加拿大北部的冰原，从高空俯视冰原，着实令人震撼。在惊叹大自然瑰丽风光的同时，不觉回忆过往的岁月，不远万里从发展中国家来到世界上最发达的国家，并在此生活了一个月，最终收获了什么？

　　即将离开圣地亚哥机场的时候，我就在想如何将这一个月在圣地亚哥的所见所闻记录于纸上以供后来人参阅，倘若写一些有关于圣地亚哥当地风土人情的东西，我想这并无必要。其一，前人已有非常详细的记录和说明，似乎没必要再次赘述。其二，旅行的本质在于对新环境的探索和发现，特别是对自我认识的提高，若要说说一些客观存在于圣地亚哥的旅游景点或历史背景，这似乎也没必要，因为这些完全可以依靠个人去发掘。所以，我只想谈谈在这一个月中在美国发生的一些事情，包括整个社会的回应，以及我的主观看法。

　　在美国的一个月中，对整个社会影响比较大的恐怕是发生在7月20号的恶性枪击事件，James Eagan Holmes在科罗拉多州奥罗拉市的《蝙蝠侠3：黑暗骑士崛起》首映式上，持3把火力强大的自动武器[一支柯尔特AR-15卡宾枪(Colt AR-15 Tactical Carbine)，一支40mm口径格洛克手枪(40 Caliber Glock Handgun)，一支作为美国海军陆战队装备的武器雷明顿M870式霰弹枪(870 Marine Magnum)]杀害了12人，并使58人受伤。

　　凶手是一名正在办理退学的神经元学博士，詹姆斯出生于圣地亚哥并在加州完成学士课程，他儿时住的社区离我们的Homestay并不远，因此这里的人们对此事谈论较多。尽管美国居民已经把持枪的权利作为一项公民的基本权利来看待，并在由全国步枪协会（NRA）拥护的里根总统上台后，进一步对持枪权利给予司法解释，出台第二修正法案使其合法化，所以州政府限制居民持枪通常会被当地的持枪团体起诉违宪。

　　但是我们Homestay的73岁的爷爷对此却不以为然，他对持枪自由保留意见，并表示自己从未杀生也从未拥有持枪许可和枪械，是一个标准的清教徒。在美国最具影响力的两个广播频道CBS和NBC同样上演着拥枪派和反拥枪派激烈的公开辩论，每天都有相关社会专家、学者、媒体人、民主党人、共和党人吵得面红耳赤，这种公开的辩论是美国人喜闻乐见的。

很明显，这就是美国社会，宪法崇高不能违背，但是同时宪法仍然保证公民质疑的权利，正如法国启蒙思想家伏尔泰所说的，"我不同意你说的每一个字，但我誓死捍卫你说话的权利"。

接下来应该谈谈宗教信仰，不少西方人对于达尔文的进化论一直持有抵触情绪，因为他们认为这不科学，他们认为目前很难证实上帝存在是真还是伪。

在美国，很大一部分的基督教徒都是清教徒，美国第一块殖民地就是由来自英格兰的102名清教徒，搭乘五月花号船穿越大西洋所建立的。

清教徒，可以说是比较世俗的信教者，他们不相信神甫制度，他们只信赖《圣经》以及信仰的源泉上帝，他们坚信世俗即修道院，财富的积累是上帝的馈赠，同时他们肩负着代言人的使命来传播福音。我问过爷爷美国人是否有50%以上的人不相信进化论，爷爷确认了这一情况。

接着我问了上帝与苦难的关系，想了解他们怎么看待不公平的存在。特别是在一个崇尚自由、平等及民主的国度，这样的问题通常显得比较尖锐。爷爷很明显停顿了一下，很快给出了答案，"上帝只是负责创造人类，有时候仅仅只是引导人类，并不会消灭苦难。消灭苦难是我们的责任，当然我也不知道这些苦难从何而来。"这就是美国人心中的上帝和他们对待贫富差距的态度。他们可以心安理得地享受闲暇的时光，也能总是站在道德的制高点上，这种自信来源于物质的极大丰富以及对于所在社会的信赖。

最后是关于美国梦和大选，美国梦可以说是一个经久不衰的名词，所有的美国人都相信它的存在。美国梦是什么？大家可以看看这段英文的阐述。A set of ideals in which freedom includes the opportunity for prosperity and success, and an upward social mobility achieved through hard work. In the definition of the American Dream by James Truslow Adams in 1931, "life should be better and richer and fuller for everyone, with opportunity for each according to ability or achievement" regardless of social class or circumstances of birth.

众所周知，奥巴马的一项核心经济改革就是调整税率结构，减少中下产阶级的税赋，增加中上产阶级的税赋。这致使很多大型的资本集团，特别是金融控股集团都站在了总统的对立面。他们认为这在一定程度上阻碍了人们去追寻美国梦。

此次随团的交流学习项目告一段落，第一次踏上美利坚的国土，我希望这不会是最后一次，与此同时，感谢经济学院的领导和老师组织并支持此次的暑期课程，这对于在校大学生来说，无疑是一次极好的机会去亲自感受美国的大学教育乃至社会文化，这对于研究社会科学以及提高自己的人文素养是极为有益的。

（作者：毛博生 经济学院 2009 级本科生）

美国暑期交流感想

2012年6月的暑假，学校组织为期一个月的美国圣地亚哥交流项目，我参加了，在美国学习游玩了一个多月，这一个月的生活使我感受颇多。

7月8日，我乘上了从北京—仁川—旧金山—圣地亚哥的飞机。这是我第一次出国，心情非常紧张。尤其到了美国，一个完全陌生的环境，语言成为了最大的问题，我的英文水平不是很好，因此更加害怕不能与外国人很好的交流。而且我还感受了美国式安检，脱鞋解腰带脱外衣，真的非常仔细。经过16个小时的飞行，我们顺利到达了圣地亚哥。一出机场，凉爽的气候，温和的海风，是我对圣地亚哥的第一个印象。

学 习

在圣地亚哥的学习时光让我记忆犹新。我们参加的是IRPS学院的项目，学院很精细地为我们安排了课程和活动。我们主要有三门课程：产品营销与管理、组织领导学和全球商务战略。

"产品营销与管理"的教授贝尔奇是个中老年的教授，极为和蔼，课上的主要内容是介绍市场、市场环境、市场分割、产品品牌定位、营销手段、定价方法、市场研究等。最后结课的时候，他给了我们Under Armour（一个美国的运动品牌）进入篮球鞋市场的案例，我们要分析这个牌子如何与耐克等知名篮球鞋运动品牌竞争，并写一篇5~7页的报告。让我体会很深的地方在于，美国的学校注重案例教育，很多的理论不是枯燥灌输，而是通过现实案例的引入，让学生更加清晰地理解与运用。比如在介绍市场时，举例用了福特公司推出嘉年华这款小型车进入美国市场的方法与策略。所有的课程都深入浅出，循序渐进，让我受益匪浅。

"全球商务战略"是我们的第二门课程。教授约翰·弗朗西斯是个年轻人，上课时语速较快，我开始跟不上，好在老师会把要点写在黑板上，让我学起来不是那么吃力。这个老师侧重于课堂的互动。他常常是先提出一个问题让我们自己思考，不给出答案，然后慢慢引导我们，最后得出结论，从而提高我们的思维能力。这种方法一开始适应起来比较费劲，但当我们学完时，发现自己已经学了不少知识。这门课结课的时候是做现场演示。我觉得这是三门课中要求最高的，最后大家做的现场演示都非常完美，我和我们组的4个同学做的是有关吉利汽车的案例，介绍吉利汽车进入美国市场的前景与战略。总的来说，这门课的要求比较高，我觉得内容并不难，关键是语言要求高，老师上课语速很快，并且这门课内容非常灵活，很锻炼头脑，课上的气氛非常好，互动很多，互动的过程使我们收获颇丰。

第三门课是"领导力"，老师是一位华裔美国人，年龄比较大，也非常有耐心。这门课让我真正学到的知识并不是书本知识，而是对问题的看法和思维方式。这门课有点偏向心理学学科，内容一点也不枯燥。课上，我们首先做了迈尔斯布里格斯类型指标（MBTI）测试。每个人都有自己每项的分数，通过测试，帮助我们看清自己，学习如何克服不安情绪，如何改变自己和如何设立目标。然后认识别人，学习如何尊重、关怀、接纳、宽容别人。具备一切领导者素质后，再总结真正的领导者是什么样的。每次上这门课都非常轻松，一次次觉得自己的精神和灵魂受到了洗礼，价值观层面得到了升华与提高。这门课每个人都要发言，同学之间的交流和学习，形成了良性互动场面，这让我乐此不疲，非常兴奋。

最后一天是毕业典礼，每人都获得了学校的证书，大家在一起照了合影，所有人心情都非常激动，大家都觉得这个月过的实在是太快了，似乎才刚上第一节课一般。感谢美丽的学校给我们留下了许多美好的回忆。

生　活

生活在美国人家里，感受到了美国经济的发达。发达国家最大的特征就是城乡差距不大，生活在郊区，与城市的消费水平差不多。我和两名女生被分配到Kay家里。Kay 是一位典型的美国女性。人非常好，60多岁的样子，但是非常有活力。她年轻时搬到圣地亚哥在这里定居，有了一所自己的房子，虽然她没有结婚也没有孩子，但是她非常喜欢自己的生活方式。她开车很猛，后来一询问，才得知她年轻时当过女警察，上的是特殊的驾驶课程，所以才会习惯这样开车，但是绝对还是遵守交通规则的。

我们的家里住着很多位房客，加上女主人一共7个人，像一个联合国。有墨西哥的兰多大叔，是一位建筑工人，他的名字有西班牙语特殊的卷舌音，我们总也念不准他的名字，我非常喜欢他，因为他有时候会给我们做些类似中国式的晚饭，还有正宗的墨西哥食物，偶尔还会顺路送我们到车站，省下了我们不少的体力。还有来自匈牙利的托马士，由于公司需要在UCSD的实验室里工作几个月，他是我的室友，我们相处得很好。我们用蹩脚的英语聊来美国的感受，一起玩扑克、玩家里的Wii，他还教会了我德州扑克，我们几个相处的非常快乐。还有一位美国大叔道格，比较神秘，不常出门，天天拿着麦当劳的水杯，但是人也很好。

每天的晚餐时间都是大家最快乐的时候，Kay大妈喜欢讲各种笑话，自己总是笑得前仰后合，大家也被逗的忍俊不禁，大家都讲自己一天过的怎样，我们的学习和游玩，托马士的实验，兰多喜欢讲大道理，道格通常都是在听着。很享受这样的时光，让我们感到了家的温暖。这种生活使得我的英语口语水平有了飞速的提高，也使我了解了美国的文化和历史。我们虽然有不同的文化，不同的语言，但这并不影响我们的交流。友爱是全世界共同的语言。

游 玩

8月4日的凌晨，我们踏上了为期10天的漫长旅行，我们玩过了美西的大部分城市。漫山遍野红杉树林的优胜美地国家公园，拥有地热奇观的黄石国家公园，这些国家公园都保持着大自然的原生态，没有被人为破坏过。从金门大桥远眺优美温柔的旧金山；环球影城享受有趣刺激的电影场景；童话感十足的迪士尼拉我回到了无忧无虑的儿童时代；斯坦福大学的乔布斯演讲的那片草坪；花了5美元完成了拉斯维加斯的豪赌之夜，最后在高塔酒店108层俯瞰拉斯维加斯美轮美奂的夜景。这一切的一切都让我感觉仿佛是做梦一样。

感 触

在美国的两个月是我十分宝贵的人生经历，我开阔了眼界，增加了阅历，丰富了人生，结交了许多新朋友。不得不说，这片土地带给我太多的惊喜，美国的自然风光、人文景致、学校生活，串联成一幅美丽的图片，永远存在我的记忆里。这段经历在我以后的学习生活中，必将成为我成长的动力。

这段时间里，我不仅仅收获了知识，还收获了友谊，认识了很多好朋友，他们给了我很多帮助。此外还要感谢学校给了我这次机会，让我有机会体验美国的课堂和风土人情！

（作者：杨楠 经济学院 2010 级本科生）

美　国
——梦，开始的地方

一切就如同一场梦，来的是那么匆忙，走的是那么急促。

为期近两个月的美国生活就要结束了，这两个月我们了解了美国的教育体系，感受了美国文化，体验了美国人的生活方式。此外，我们还深度探索了圣地亚哥的每个著名景点；在美西，我们游览了全美的第二大城市洛杉矶，参观了雾都旧金山，体验了拉斯维加斯的奢华，游览了美西许多著名的国家公园，诸如拱门国家公园、总统山、黄石国家公园、大提顿国家公园、西峡谷等；在美东，我们看到了世界最大城市纽约的惊艳，独立宣言签署地费城的朴实，首都华盛顿特区的宏伟，还有自然景观尼亚加拉大瀑布的壮观。总之，这两个月给我们留下了美好的回忆。

第一编　美国文化

美国最为吸引人的当属美国文化，而我对于美国文化的第一次接触，当属从北京乘坐飞机来美国的路上。我们乘坐的是美国航空（American Airline），不同于国内的航线，空乘人员是一水儿的中年妇女，这种截然不同的场面，触动了我的神经。

可以说，触动我的远远不止这些。

美国人非常懂得谦让。在美国的任何一个十字路口，只要上面标明"STOP"，司机都要刹车停下来，左顾右看，在确保没有行人后才会通过；假如有行人走过路口，司机会耐心等待，待行人完全走过后才会继续前行；即使没有"STOP"标识，司机看到行人时也会礼貌地避让行人，两车相遇时也会互相礼让，挥手示意让对方先行。固然，美国有着行人路权最大的行为准则，但是在现代化程度颇高的美国，这种谦让的行为，显然已经深入人心，成为公民约定俗成、共同遵守的道德法则。

美国人非常懂得礼貌。记得我们每天上下学都要走上15分钟左右的路程到达车站，在路上我们碰到的每个或散步，或慢跑，或浇灌草坪的人，不管认不认识，都会善意地同我们打招呼。在道路或大街上行走，只要迎面走来的行人阻挡了你前行的路线，即使你们远离几步之遥，或者有人从你身边走过，几乎都会听到"Excuse me"或者"Sorry"。在公交车上，总会在不同人下车时，听到对司机真心说的一句"Thank you"。

美国人非常热情。当你遇到困难时，身边总会有素不相识的人向你伸出援手。记得有次找不到回家的路，碰到了一个大叔，他耐心地指明了方向，并跟随我到了家门口，告诉我们可以先敲门，如果家里没有人，也没有关系，可以先到他家来坐会儿，他家有台球什么的可以消磨时间。除此之外，只要每次问路，或者遇到困难，总会有人非常耐心、非常认真地帮忙指出，无论身处美西、美东，无论是向白种人、亚裔、拉丁裔、非洲裔求助，大家都会友善地帮助你。记得在从芝加哥飞回北京的航班上，有个带两个小孩儿的妇女陪同年长的孩子去卫生间，留在固定睡椅中的婴儿哭啼了起来，总会有人好心地前去爱抚婴儿，帮忙照看。

总之，我亲身体验到了美国人的谦让、礼貌、热情，以及和谐包容的价值观，这无疑是现代社会文明的象征。记得曾经有一位法国大使说过："一个国家，只有能够输出价值观，才能被称之为大国！"对于道德与价值观逐渐模糊的中国，要走的路真的很远。

当然，除了这些根植于美国人血液中的价值观外，在与房东或者其他美国人聊天时，我也意识到了我们彼此的生活方式与看问题的视角也存在着差异。

无论是平日在公交上或是在日常生活中的每个角落，还是在我们前往Sea World、迪士尼、环球影城游玩的过程中，让我印象最为深刻的当属美国人性化的助残设施。在美国，残疾人的地位之高难以想象。举个例子，美国公交上的座位都比较宽松，每辆车的第一竖排的座位都是可以抬起的，下面有带子可以用来固定，车到站了，只要有残疾人在等候，不管有其他多少人在等候，都会先让残疾人上车。待其固定好轮椅，其他人才会上车。在每个我们能想到的公共场所，都有助残设施，而且在各种主题公园中，能够见到相当多的残疾人在游玩，开始我很好奇是不是美国的残疾人数量太多了，后来我想了下，是因为美国对残疾人生活太体贴照顾了，所以残疾人才有条件走出家门，享受生活。相比较国内的助残设施，不是盲道通向井盖或死角，就是公共助残设施成为摆设，我们的工业科技水平虽然已经有了跨越式发展，但是这种人性化的理念与发达国家相比，仍然存在着巨大的差距。

记得当时十分好奇地问过房东，为什么几乎每个美国人家里的车库，都有那么齐全的工具，为什么几乎所有的维修都是每家自己在做，而不请服务人员上门？得到的答案是："美国的人工费用是非常昂贵的，都是按小时收费，所以大大小小的维修与修缮，只要自己家里能做的，几乎全都是自己家去做。"这也就解释了为何每家的车库里工具是如此齐全了。还记得我问过房东，为什么美国家庭会配有烘干机，而不使用阳光晒干，他说在加州晒衣服是法律禁止的，即使在自己家里晒衣服也会面临处罚。

当时也正值伦敦奥运会举办之时，我很好奇为何在美国几乎看不到奥运会的现场直播，只能看到NBC台的夜间加工录播，房东解释说美国是个商业化的国家，电视台在晚间时段播出一是为了播放更多的广告，二是在白天播出大家都在上班，自然收视率就会很差，所以才会录播。而且他还跟我说，通过被炒得沸沸扬扬的奥运羽毛球女双让球事件，他认为美国人和中国人对奥运会的关注与理解有很大差异，中国只关注金牌或奖牌，而美国更为关注奥运精神，只要能体现奥运精神，不论他是哪个国家的，都会得到大家的喝彩。

第二编　学术氛围

作为学生，本职工作当然是学习。这一个月的时间虽短，但是让我深刻地体会到了行万里路更胜读万卷书。这次能够有机会来到美国加州大学圣地亚哥分校学习，十分幸运。加州大学圣地亚哥分校，作为加州大学系统之一，位于南加州圣地亚哥市的拉荷亚，离圣地亚哥市中心有较远的距离。成立于1959年的加州大学圣地亚哥分校拥有500多公亩的校园，虽然建校只有短短的50年，但是已经成为美国顶尖的以研究科学为主的大学之一。在美国国家教育调查委员会的调查中，名列全美第10位；在美国研究协会组织的全美大学研究生院排名中，名列第10位；在美国新闻的排名中，名列最佳公立大学第7位，全美大学第35位。

这次，我们参加的是IRPS学院的商业与管理项目，学院为我们安排了非常充实的学习计划。我们一共有三门课程，各种不同的讲座穿插其中，此外还有校园实验室的参观项目和圣地亚哥的一家企业参观项目。这三门课程分别是：组织领导学(Organizational Leadership)、产品营销与管理(Product Marketing and Management)和全球商务战略(Global Business Strategy)。

第一门课是领导力，老师是一位上岁数的华裔老先生。这门课教会了我如何看待自己，让我学到的知识并非仅仅局限于书本，而是有了对问题的不同见解和全新的思维方式。首先我们做了MBTI测试，每个人都有自己各项的分数，通过测试，能够更加清晰地使我们了解自己，认识自己。正所谓只有认识了自己，才能够学会如何尊重、关怀、接纳、宽容别人。形式上，这门课的上课过程十分轻松，每次都能够有所收获，而且教授会积极组织大家交流互动，几乎每个人都会发表自己的见解。

第二门课是产品营销与管理，教授Belch是个中老年男性，十分和蔼，为了使我们能够听懂，他刻意放慢了语速。课堂所教授的内容也十分丰富，几乎涵盖了产品营销管理的各个领域。他的课十分注重案例分析，每次下课都会布置给我们5~7页的案例，让我们回家阅读，以便在下一次课的时候讲解分析。最后结课的时候，他给我们留了一些关于耐克的案例分析的题目，并告知我们最终要形成6页以上的报告。可以说，深入浅出、循序渐进的课程，丰富的案例分析，自主的学习劲头，让我受益匪浅。

第三门课是全球商务战略，授课老师John Francis是一位年轻的教授。他上课的语速非常快，侧重于课堂互动。他经常会提出一些问题让我们思考，然后慢慢引导我们的思路，从而提升我们的思维能力。这门课最后的结课方式是小组展示，每组的成员都会尽全力施展自己的才华与创意，曾在国内参与过一些企业小组面试的我，对此并没有感到太大的压力。我们组的选题是易趣（eBay）为何无法在亚洲市场取得成功，除了在内容上做到尽量全面，注重分析逻辑外，在形式上我们也做到了创新。首先，我们在查看eBay年报时，发现其审计公司为普华永道（PwC），因此我们灵机一动，将小组4人中3人的身份设定为PwC的审计人员，另外1人为公司的CEO，通过PwC为eBay集团提供的鉴证业务，顺其自然，为其提出更好地咨询解决方案。其次，我们也在小组讨论中选取了eBay公司的宣传视频，邀请Homestay参与扮演了eBay战略合作伙伴的视频会议。总之，在最后的展示中，我们的创意取得了很好的效果，得到大家的赞赏。

除了这三门既有课程外，IRPS学院还为我们组织了经济类的相关讲座，涉及的范畴也是相当的广泛，还安排我们参观了学校的生物、电子实验室，体验了最新的3D裸眼技术，尖端的照片视频修复技术，组织我们到高通的技术园区参观了一家总部位于圣地亚哥的物流公司。可以说，这短暂的一个月，是充实而有收获的。

我认为，美国课堂的授课方式比中国更为活跃，授课教授更为注重与学生间的互动，大量的案例与视频穿插在课堂中，重视启发性思考，设置小组讨论与课堂演讲，强调团队协作，注重培养学生的探究性学习习惯，这对于全面培养学生的学习兴趣与思维方式，意义十分重大。

最后一天是毕业典礼，每个人都获得了学校颁发的证书，所有人都一起照了合影，每个人的心情都是激动的。站在IRPS的门口，眺望着远处的大海，漫步在校园，看着Geisel Library，不知不觉，我发现自己爱上了这个地方。

当然，除了在UCSD的学习时光使我难以忘怀外，这里自由自主的学术氛围也深深地感染着我。与英国的教育产业化有所不同，美国教育强调吸引人才。在本科阶段，美国教育属于通识教育，目的是让更多人接触到高等教育，在硕士研究生阶段，学生们才会有机会系统地学习到专业知识，而在博士阶段，才是最为困难的学习阶段，除了要对所学专业有独到见解外，还要全面掌握所学科目范畴内的尖端研究成果，所以说在美国能够拿下PHD的人是相当受人尊敬的。

与国内不同，美国的高等教育强调自主学习，授课教授平时不会在课堂上教授太多内容，大量的知识都需要学生利用课余时间自学，如果没有进行自学的话，很有可能无法跟上课程的节奏。此外，授课教授还会推荐大量的书籍供学生阅读，因此，我们会经常看到有很多学生手握书籍，在Price Center外的户外餐桌上，在上下学的公交车上，抑或者是在Geisel Library中进行学习，可谓是学习无处不在，学术氛围感染着每一个来此求学的人。

在UCSD的图书馆内，能够查阅到很多国内无法看到的书籍。此外，UCSD的论文下载系统也十分好用，可以在上面下载到大量英文的学术论文，在学习了一部分学术论文后，我发现这边的学术论文内容十分简单，往往几个公式，简单的几行讲解，就能够登上财经界最高水准杂志的版面，就有机会获得诺贝尔奖，这与国内不良的学术氛围形成了鲜明的对比。当然，我也在这里下载了很多可以帮助我完成毕业论文的期刊论文。

第三编 完美生活

圣地亚哥是全美最适宜居住的城市之一，加州的阳光，万里无云的蓝天，美丽的海滩，宜人的气候，白天23度左右，晚上15度左右，这里的环境使人深深地陶醉其中。

我们这次依旧是Homestay，学院把我们安排在当地人家里，与他们一同吃住生活，体验美国的风土人情和美国人的生活方式。我们所住的人家，主人是个丧偶的中年男性，家中只有两只狗为伴，虽说生活比较无趣，但是主人非常热情，人也很好，再加上我们是他第一次接待的寄宿留学生，所以尽享了许多优待。

他家的环境堪称完美，住宿环境超赞，我们所住的卧室中配备了高清电视，推开卧室的侧门便来到了小花园，躺椅、小喷泉、小山、绿地，一切都是那么唯美，可以想象男主人以前的生活是多么的浪漫。当然，我们平时生活中与狗狗Max在花园中玩球也成了一大乐事，只要我们一回家，或者一出现，它就会咬着球，摆弄着尾巴来找我们，让我们和它玩球。

至于我们的早晚餐，房东也会为我们提供食材，拿他的话就是家里的一切东西我们都可以使用，当然是需要我们自己烹饪的，还好我们每个人都有一手好手艺，这里尤其要感谢大哥，他的手艺很赞。早晨，我们会吃燕麦+牛奶+面包+煎蛋+水果；晚上，我们会和邻居Becky家的Homestay同学一起烹饪，邀请两家主人一起吃中国菜。回想我们烹饪过的菜肴，真是丰富得很，涮羊肉、炸酱面、日本料理、炖鱼、炖肉、炒菜、拌菜、熬汤，真是丰盛啊。

平时，如果我们想去商场购物，或是去市中心游玩，房东也会尽力开车送我们过去。不得不提的是，由于我们家和邻居Becky家住得太近了，所以我们几乎天天都和邻居家的女同学们一起行动，大家一起做饭、购物、看电影、娱乐。因为Becky十分热情，还邀请我们参加了几次Party，有火鸡Party、海滩Party、欢送我们离开的Party，十分有趣。

此外，我们家里还住了一个毕业于南加州大学（USC）的华裔工科男，正值他初到圣地亚哥的高通工作，处于过渡期，与我们一起居住。所以，他也自然成为了我们生活、娱乐中不可或缺的一环，由于他有车，又能从公司拿到超级低廉的团体内部票价，所以我们和邻居家的女孩儿，一起游玩了海洋公园，自驾驱车前往了迪士尼和市中心，去AMC看了很多场超赞的电影，开车前往墨西哥边境的奥特莱斯火拼了一把，前往Mission Beach和Coronado Bay看夕阳西下的海滩。总之，机缘巧合，我们在圣地亚哥相遇，一起度过了难忘的一个月。

在这有限的一个月的时间里，我们利用课余时间游玩了圣地亚哥的每个著名景点，无论是现代气息浓郁的Dwon Town，还是充满着维多利亚风情的Old Town，抑或是因第二次世界大战而得名的航空母舰所在地MIDWAY，或是这座城市有名的几大海滩：Mission Beach、Pacific Beach、Coronado Bay，或是全球最大的海洋公园Sea World，或是这座城市的每个购物广场Fashion Valley，Mission Valley，UTC，Marshells，Macy's。

总之，这一个月的生活使我们融入了美国人的生活当中，在学习结束前的那个晚上，我们参加了欢送Party，吃着丰盛的食物，回想着这一个月来美妙的经历，想着朝夕相处一个多月的同学，内心久久无法平静。分别总是来得如此之快，一切就好像刚刚开始，转瞬之间就要说再见了。我们带着不舍与祝福，离开了这个美丽的地方，开始了新的旅程。

第四编 环美之旅

此次赴美交流，还有另外一大目的，就是环美西美东的旅游，深度体会下美国的山河和城市，看看那些在电视上、电影中、杂志上的自然美景与城市究竟何如。这次为期近20天的环美旅行，我们总共走了16个州、1个特区，包括加利福尼亚州、内华达州、亚利桑那州、犹他州、科罗拉多州、怀俄明州、南达科他州、蒙大拿州、爱达荷州、纽约州、新泽西州、宾夕法尼亚州、马里兰州、弗吉尼亚州、华盛顿特区、马萨诸塞州、康涅狄格州。

在美西，我们游览了迷人的洛杉矶、包容的旧金山、奢华的拉斯维加斯、神圣而落寞的盐湖城，每一座城市都有自己的特点；我们触碰到了加利福尼亚的海、亚利桑那的山、内华达的沙漠、犹他的拱门、南达科他的总统山、怀俄明的草原，每一处景色都是那么无与伦比的美丽。无论是优胜美地国家公园、黄石国家公园、大提顿国家公园，还是拱门国家公园、总统山、科罗拉多大峡谷，它们都让我们感叹人类的渺小，惊叹大自然的伟大。

在美东，我们体会到了快节奏的纽约生活，看到了曼哈顿岛上高耸入天的摩天大楼，人来人往的中央车站，象征着资本与贪婪的华尔街，911遗址上重建的归零地，收藏着无数艺术瑰宝的大都会博物馆，纽约的最高楼帝国大厦，最为伟大的建筑群洛克菲勒中心，动中有静的中央公园，象征着自由与民主的自由女神像；行走在独立宣言的签署地独立宫，看到了美国精神的象征自由钟；漫步在华盛顿特区，一览气势磅礴的国会山，充满神秘感的白宫；看到了尼亚加拉大瀑布的壮丽，波士顿华人街的繁华。

总之，两个月的赴美学习、生活、娱乐使我们难以忘怀，这次赴美的意义在于使我们看到了世界另一头的人们是如何生活的。认识这个世界，从而更好地认识自己。这两个月，也如同一场梦，是那么的美好，那么的深邃。这两个月，我在用眼看，用耳闻，用心去感受，探索一切我所知与不知的东西。这一切就如同一场梦，来的是那么匆忙，走的是那么急促。美国，梦开始的地方！

（作者：王法立　财政税务学院 2010 级研究生）

美国梦

随着飞机缓缓停下，机舱里的乘客开始骚动。我看了下窗外熟悉的首都机场，两个月前从这里起程飞往美国的一幕幕，一切微妙的情绪还都记忆犹新，而如今我已经离开美国又回到了起点。这一切，就像一场梦一样，一场美好的梦。

2012年7月8日，我们搭乘美国航空公司的班机从北京起飞，在芝加哥转机，经过将近20个小时的飞行，终于抵达了美国加利福尼亚州圣地亚哥市。路途中，我有一千个一万个忐忑和紧张，但随后两个月的事实证明，这些担心都是多余的。

学习篇

加州大学圣地亚哥分校（UCSD）位于圣地亚哥西北部的拉荷亚（La Jolla）地区，属于加州大学系统之一。学校成立于1959年，尽管建校只有短短50多年，但已经成为美国顶尖的以科学研究为主的公立大学。

UCSD的校园很大，就像美国的其他校园一样，是开放式的，没有围墙也没有校门。学校里有成片成片的绿草地，总会有学生躺在草地上晒晒太阳，看看书，或者几个人坐在一起热烈地讨论。

学校的图书馆可以说是整个校园的中心，Price Center，学校最大的餐饮休闲中心离图书馆也不过百步之遥。图书馆的造型很奇特，据说是电影《盗梦空间》里第三层梦境的原型。步入图书馆，开放式的环境并不会让人感到局促，前台的图书管理员也会给予热情的微笑。在这里不存在抢座、占座的问题，偌大的图书馆总能找到一个自己喜欢的位置。

我们参加的项目是全球领导力机构（Global Leadership Institute，GLI）举办的一个针对国际学生的暑期项目。在四周的课程学习中，为我们安排了三门主要课程：产品营销与管理（Product Marketing and Management）、组织领导力（Organizational Leadership）和全球商务战略（Global Business Strategy）。在这四周里还穿插了一些讲座和参观，整个过程很充实。"产品营销与管理"课和"全球商务战略"课，对我来说内容本身并不陌生，以前在学校也学习过相关的课程，但是教授的讲授角度以及全英文授课使我有了新的收获。"组织领导力"

这门课程有点心理学的内容，在这一课程中，通过老师给我们做的MBIT性格测试，让我从心理学的角度了解了自己，测试结果的准确度也让我惊讶不已。除此之外，老师也传达了很多有益的人生信条，让我学会了用新的角度去看待生活。

寄宿家庭

在圣地亚哥学习的一个月时间里，我们寄宿在当地人的家庭中，这无疑是了解当地文化并且提高语言能力的最好途径。我还清晰记得当我们第一天到达机场见到房东时的情形，女房东Becky首先热情地招呼了我们，她是典型的美国人形象，金色的卷发，胖胖的外形，热情洋溢的笑容，一下子就拉近了我们之间的距离。走向停车场的时候她一直在向我赞美圣地亚哥的美丽和气候的宜人。男房东Ruddy则跟她形成了鲜明的对比，黝黑的皮肤，健康的身材，腼腆的性格。

Becky是我见过的最热情、最精力充沛的人，可以说她对我们是有求必应。Becky似乎总有忙不完的事情，她一方面是学校的工作人员，一方面又有自己的公司，每天早上六、七点出门，晚上往往十一、二点才回家，她却说她喜欢这样忙碌。尽管如此，不论是工作日还是周末，知道没有车的我们出门不方便，她总会开车接送我们。不仅如此，她还办海边派对，邀请参加项目的所有同学，并且义务接送。

我们还很幸运地和老师他们的寄宿家庭住得很近，两家相隔不过五十米，两家的房东也因为我们熟识了起来。由于大哥厨艺了得，两家人就经常在一起吃晚饭，房东们对于我们做的中餐也很感兴趣，我们甚至还在家里吃起了火锅。

文化篇

在圣地亚哥上学的时候，我们几乎每天都要自己坐公交车上下学，寄宿的家庭离学校大约有20分钟的车程，从家出来走到公交车站也需要将近20分钟。由于美国是个长在车轮上的国家，大部分家庭都有2~3辆车，所以公交车这种公共交通设施相对不是很发达。平时15分钟一趟车，晚上和周末就要半小时或一小时一趟车，线路也会缩短，而且末班车也很早就没有了。即使打车的话，也只有在市中心才能在路边打到车，如果在家想打车出门的话，就要提前给出租车公司打电话叫车。所以，第一天到学校，老师就发给了我们公交车时刻表，便于我们能准确把握乘车时间，因为一旦错过一班车就要等很长时间。公交车的票价不算便宜，但是因为我们有UCSD的学生证，可以免费乘坐经过学校的所有公交车。这里的公交设施很先进，很人性化，有专门供残疾人上下车的滑坡，前两排座位可以伸缩折叠，供残疾车停放使用，车头前面有可以放两辆自行车的架子。每位上车的乘客都会和司机打招呼问好，下车的时候会说谢谢，非常有礼貌。美国公交车很有意思的一点是，公交车不是每一站都会停，要下车的乘客，需要拉一下车上的黄绳，司机才会在车站停车。所以如果某个车站既没有人上车也没有人下车的话，公交车就不停了，加上报站又非常不清楚，以至于我们刚开始总是担心坐过站。

美国人的谦让和懂礼貌体现在生活中的每一处小细节上。在美国的任何一个路口，司机到了路口都要停下来，确定没有行人和其他车辆后才缓缓驶过。若是有行人，司机都会耐心等待，等行人走后才继续前进。即使有时行人示意让汽车先走，但是司机几乎百分之百地挥手让行人先走。我们每天在上学的途中，路上跑步的人不管认识与否，都会和我们打招呼，让我们心情格外的好。不管在商场里、大街上还是公交车上，如果有人从你身边走过的话，都一定会说Excuse me或Sorry，不说任何话而硬从他人身边走过是很不文明的行为。

美国人也很热心。一次我们Homestay的四个女生早上一起去海滩，要回学校准备上课的时候，发现找不到车站。问路问到一对母女，她们说她们虽然不知道车站在哪儿，但是可以开车载我们到学校。于是我们就有了一次让我们非常感激和兴奋的搭车经历。还有后来在纽约的时候，坐地铁坐反了方向，正在我们以为要重新出去买票才能到对面坐车的时候，一位好心人主动告诉我们做到下一站就可以不出站到对面坐车了，这样我们一行人才省去了出站重新买票的麻烦。照相的时候，也会有人主动帮我们合照。我亲身感受到了美国人助人为乐的精神，这无疑是社会文明的象征。

旅游篇

说到旅游，还是要先说说圣地亚哥，因为在几乎转遍了美西、美东之后，我依旧最喜欢、最留恋这个城市。这里有着最舒适的气候、最充足的阳光和最美丽的海滩。一个月的时间里，我们去看了圣地亚哥的很多海滩：最浪漫的La Jolla Beach，人与海豹和谐共处的La Jolla Cove，解放天性的Black Beach，景色美丽的Colorado Bay，最适合散步的Mission Beach，每一处都很美丽，每一处又都各有特色。最让我难忘的是在Mission Beach看到的落日，水天一线的地方被渲染出种种红色，一个人伴着落日，踏着海浪，沿着岸边散步，心也慢慢静了下来。然而，两天后，我离开了这个喜爱的这个城市，开始了18天的旅程。

旅行是件辛苦的事情，特别是跟团的时候，每天都是早出晚归，有的时候凌晨五点出发，在大巴上看日出，晚上经常九、十点钟才到酒店，三、四个人一个房间，两个人挤在一张床上。每天在大巴上的时间将近十个小时，游历了十几个城市。虽然行程很紧也很辛苦，但是看到各具特色的景色，还是会让我很兴奋。在洛杉矶，体验了迪斯尼的童话世界和绚烂夺目的烟火，也体验了环球影城里的视觉冲击；在旧金山，我看到了云雾笼罩的金门大桥，也看到了放晴后的九曲花街；在拱门国家公园，惊讶于大自然的鬼斧神工；在总统山，领略了对美国做出巨大贡献的四位总统的风采；在黄石公园，体会到了自然力量的伟大，也体会到了人与自然和谐相处的美好；在拉斯维加斯，惊叹于赌城的风采和一夜暴富的诱惑；在尼亚加拉大瀑布，壮美的景观让我流连忘返；在纽约，看到了美国金融中心的繁华与平静；在华盛顿，仰望国会山这个美国政治权力的中心；在波士顿，参观了众多人梦想的校园哈佛大学，漫步于美国这个最具文化底蕴的城市……

两个月的时间转瞬即逝，或许是因为充实，时间显得更为短暂。这次短暂的游学，让我对美国，特别是对美国人和美国社会文化有了更真切的认识，也在一个个壮美的自然景观前，对人生有了新的看法。两个月，美丽的像一个梦，短暂的像一个梦，虽然辛苦，但是没有压力，没有烦恼。然而，现在梦醒了，回来面对现实中的一切压力和责任，继续我们人生的道路，美国的游学经历在我的人生中写下了浓墨重彩的一笔，也将激励着我继续前行，不惧风雨。

（作者：王婧玮 会计学院 2011 级研究生）

美国奇妙之行

两年前我曾参加学校的交换项目来到这里学习了八个月，今天我又以同样的身份来到了这片土地——美国。怀揣着激动的心情，历经十几个小时的飞行，我来到了圣地亚哥这座美丽的城市，开始了为期一个多月的学习、生活和旅游。

生活篇

这一个月我们是住在寄宿家庭里，家庭负责我们的上下学接送以及早餐和晚餐。我们的房东是一个36岁的女人，她在一个儿童医院做秘书工作。在机场，她很热情地接待了我们，白色的长发、大约1米75的身高、浅棕色的皮肤。来到她家我们非常激动，房子很大，我很喜欢她家的后院，种着柠檬树、橘子树和柚子树，还有一个很大的游泳池。房东和她28岁的男朋友住在一起，她家还有一只害羞的斑点狗。基本了解家庭情况后，我们便来到了自己的房间，两人一间，卧室陈列很简单但还算舒适。房东每天把我们送到车站，然后我们乘坐公交车到学校上学，学校为我们提供了公交卡，因而上下学比较方便。

圣地亚哥人的生活节奏很慢，生活很惬意，他们会在周五以及周末开Party，会在阳光大好的时候在自家的游泳池旁晒太阳。圣地亚哥人依赖于汽车，他们几乎每家都有汽车，这里的公共交通并不是很方便，有时一辆车甚至要等上一个小时。圣地亚哥的气候非常舒适，一年四季都很凉爽，令人神清气爽。圣地亚哥有出名的Rubio's Fish Taco，非常美味。

一个月在美国人家的生活让我感受了美国人的生活习惯以及他们当地的食物，我们与房东生活得很愉快，在与房东沟通交流中我们了解了当地人的生活状况以及他们对待生活的态度，同时也发觉了我们与他们文化上的差异。在美国人身上，我们深深感受到了他们的开放、包容、乐观、真诚与友好。

学习篇

加州大学圣地亚哥分校（University of California, San Diego，简称UCSD）是一所位于美国加州的著名公立大学，也是世界著名的研究性大学，在美国以至全球均享有盛名。在这里我们学习了三门课：领导力、全球战略和产品营销与管理。每门课都让我受益匪浅，我深感中国大学的教学水平与美国还是有一定差距。领导力课非常有意思，老师让我们挖掘了很多自身的东西，在MBTI测试后让我对自己有了更多了解并且明确了未来的前进方向。战略课上老师讲得非常全面、清晰，最后以小组展示（Presentation）的方式作为结课成绩，这是一次很好的机会来练习自己的英语表达。产品营销与管理课上，老师运用了很多最新的案例，这个课内容很多，所以需要自己课后多复习，结课作业是写一个五页的论文，又一次锻炼了我们英语写作的能力。此外，学校还安排了很多讲座和参观活动，让我们了解了很多学业以外的知识。

旅游篇

深度游在圣地亚哥

一个月生活在这里，我们便有很多时间来探索这座天堂般的城市。圣地亚哥位于美国西南部的加利福尼亚州。南邻墨西哥，西濒太平洋，是美国第七大城市。该市气候温和，日照充足，是全美气候最适宜的城市之一。在这里我们去了老城（Old Town），在那里感受了墨西哥风情；周五在Pacific Beach上感受了美国人派对时间（Party Time）的气氛；在小意大利（Little Italy）看到了意大利式的建筑并品尝了特色食物；在Comic.Con看到了来自各个城市的人的各种角色扮演（Cosplay）；在圣地亚哥军港看到了航母；在世界上最大的海洋主题公园——圣地亚哥海洋世界看到了体重超过两吨的巨大鲸鱼和它的精彩表演，并亲密接触了海豚、看了流浪小动物表演，这个海洋公园让我感到人与动物的和谐关系，特别值得一去。在超级美丽的La Jolla的海滩上可以尽情享受阳光，白色的沙子和碧蓝色清澈的海水，绝对算得上我见到过的最美的海滩。说到购物，肯定是女生的最爱，在这里我们去了最南端的奥特莱斯，整整一天，收获颇丰。

品尝美味在芝加哥

结束圣地亚哥的学习和生活后，我便来到芝加哥进行为期四天的自由行。下飞机就感觉到这座城市的繁忙与快节奏。相比圣地亚哥，芝加哥的交通可算很方便，地铁和公交四通八达。在朋友的陪伴下，我首先来到了Navy Pier，Navy pier坐落于密歇根湖边，在这里我品尝了芝加哥出名的爆米花，之后来到了千禧音乐厅、大豆子和世界最大的照明喷泉。在Down Town，芝加哥高楼林立，跟纽约的感觉很相似，密歇根大道上云集了世界顶尖品牌，是购物的好去处。傍晚我登上了95层的Hancock Tower，享用了一次特色的芝加哥牛排，晚上向窗外望去，可以看到芝加哥全景，简直太美了！最后一天我又品尝了芝加哥式的比萨，味道很不错。在密歇根湖，躺在湖边金色的沙滩上，仿佛梦境一般。

71

走马观花迈阿密

结束短暂的芝加哥行后，我又来到了期待已久的迈阿密，开始了首次的异国自驾游。租到车后我们第一站便是大沼泽地国家公园，沼泽公园是全美第三大的国家公园，这里拥有独特的生态系统，可以观赏美洲短吻鳄、各种鸟类甚至海豚。如果时间充裕，花2~3天在这里都没问题。从迈阿密驾车前往，40分钟左右。入园后先到Royal Palm游客中心拿地图，有工作人员可以解答问题并依据你的时间做推荐，时间充裕的话可以多走一些路线（Trail），其中必须要走的就是Anhinga Trail，是观看鳄鱼等野生动物的最佳地段。由于时间关系，我们没有把所有的Trail都走到，在这里让我感受到了大自然的美妙与奇幻。来到迈阿密就必定少不了看看海滩，South Beach 最为有名，这里的海滩也毫不逊色于圣地亚哥的海滩，来这里可以感受到迈阿密的白色情调。在迈阿密海滩，许多人被洁白的沙子所沉迷，原来以为风景画里的白沙是假的，如今得知那是千真万确的美丽实景。

自驾游在西锁岛

西锁岛（Key West），美国的最南端，一个与世隔绝的安宁小镇。岛上流传着海明威、六趾猫以及海盗的各种故事和传说，距离古巴比美国本土还要近些，是多种文化交融之地。早上7点我们就驾车从迈阿密一直沿US-1公路一直向南开，大约3小时的车程抵达西锁岛。一号公路沿途风景极美，US-1的景色和加州US-101齐名。不同的是，US-1是建在海中的公路，会有种在海中驾驶的感觉。我们在沿途停留了几个地方拍照，途中赶上几段下雨，不过都很快就放晴了。到达西锁岛已经是中午时分，吃过午饭后我们去了海明威故居。傍晚我们来到码头的游船，开始了日落之旅。

总 结

在美国这一个多月收获颇多，不仅开阔了眼界，更重要的是锻炼了自己独立生活、独立思考的能力。

（作者：马燕婷 工商管理学院 2011级研究生）

美国之行

　　首先要感谢首都经济贸易大学经济学院对外交流的优惠政策，让我有幸能在全美综合排名前35的大学参观、学习。在此，我想与大家一同分享这一个月左右的学习与生活。

　　北京时间2012年7月6日，我们一行人穿越了浩瀚的太平洋，经过近20小时的飞行，终于到达了美国西海岸的圣地亚哥，由此开始了我们在美国加州大学圣地亚哥分校的求学历程。

　　圣地亚哥是美国加利福尼亚州的一个太平洋沿岸城市，位于美国本土的西南角，以温暖的气候和多处的沙滩著名。2006年的人口普查，圣地亚哥市的人口为1 256 951人，在人口上是加州的第二大城，美国的第八大城。它同时也是圣地亚哥县的首府和圣地亚哥–卡尔斯巴德–圣马科斯都市圈的经济中心。圣地亚哥县自然景观享有盛名，开车一天的时间里便可以看到风格迥异的海滩、森林和沙漠。这里有60多个高尔夫球场，许多国家公园和科来晤兰德国家森林。圣地亚哥市著名的旅游景点有海港村、会议中心、柏贝公园、艺术博物馆、动物园、西班牙村等。加州大学圣地亚哥分校（USCD）是一所位于美国加州的著名公立大学，为美国全国性第一级(Tier1)的大学，属于加州大学系统之一，位于南加州圣地亚哥市的拉荷亚（La Jolla）社区。加州大学圣地亚哥分校拥有一流的研究和教学设施，建有音乐研究中心、语言研究中心、加利福尼亚研究所、地球和行星物理学研究中心、海洋资源研究中心、纯自然科学和应用科学研究所、癌症研究中心、天文物理和空间科学研究中心、进化生物学研究中心、能源研究中心、圣地亚哥巨型计算机研究中心、信息处理研究中心、拉美研究中心、美国–墨西哥研究中心等一大批科研机构。学校采取小班授课，学术气氛浓厚，是向往新鲜事物、超越平凡的学子们游学的天堂。

　　当从洛杉矶起飞的小型客机降落在圣地亚哥后，首先吸引我的是明媚的阳光和蓝蓝的天空。在机场小憩后，我与其他三人一起被分往同一个Homestay家庭，坐上在美国几乎家家都有的商务车，前往位于圣地亚哥东北部的寄宿地。一路上我们经过了美丽的海滩、别致的别墅、高大的灌木，我们不禁被窗外诱人的景色所吸引，纷纷拿出手机拍照。

　　我们Homestay的主人是一位73岁的老爷爷和一位72岁的老奶奶，以接收外国学生寄住在家中为生。由于房主每个月要偿还3 000美元左右的房屋贷款，故我们吃的没有想象中的那么好，还经常无法填饱肚子。碍于面子，我们也没有与房主进行沟通，建议以后来的同学多跟房东沟通，以便减少这种情况发生的概率。由于家离学校较远，我们每天上、下学都要由Homestay接送，对Homestay和我们来说都十分的不便。

在校期间，我们在第一天首先参观了美国加州大学圣地亚哥分校校园的部分景观，并办理了学生卡，凭此学生卡可以享受到该大学校内的一切资源。不仅如此，值得一提的是，凭此学生卡可以免费乘坐途经学校周边的所有公共汽车，例如30路、41路、201路、202路等，此外还有校园内的巴士，可在校园内代步。学习方面，我们在加州大学圣地亚哥分校进行了为期四周的学习，主要学习了三门课程，分别是组织领导力、产品营销与管理、战略管理，并在其间穿插了一些讲座和参观活动。不同的课程会有不同的教授来讲授，让我们领略到了不同的教授风格。有一些老师会比较严谨，讲课跟中国的老师差不多，会有PPT，比较喜欢自己讲，互动较少；有一些老师则完全是开放式的教学，大家分组后以小组为单位讨论，并且鼓励大家发言。在这个过程中，我们不仅提高了自己的听说读写能力，还能学到很多的人生道理，并对自己有了更加深入的了解。加州大学圣地亚哥分校的图书馆是全美最大的图书馆之一，下课后，同学们纷纷去图书馆参观、自习。图书馆从地下一层开始，每一层都比下一层安静。图书馆的每一层都有着不同的风格，我们可以在地下一层吃东西、聊天、互相讨论，而到了第八层的时候，就已经像真空一样的安静了。此外，图书馆内有充足的座位，学生们不必担心占座问题。很多椅子都是沙发式的，还有一些单人桌子底下带着滑轮，可以自由移动桌子的方向，所以我们在其中学习，不仅可以完全投入，而且还相当舒服。如果我们需要讨论，图书馆内还专门设有小组讨论教室，内有桌椅与黑板，十分方便。说到吃，校园内有个很大的休闲中心，名叫Price Center，这里有赛百味、汉堡皇等大小餐馆，还有书店与超市等。此外，在距离上课地点不远处还有自助餐，价格也比较便宜。

由于课余时间丰富，我们经常在圣地亚哥城市内游玩。圣地亚哥城内较值得游玩的主要有Fashion Valley、Old Town、Down Town、San Diego Zoo、Sea World、La Jolla Beach、Black's Beach等。摄影爱好者可以去La Jolla Beach，Down Town的煤气灯街区等地取景。

旅游方面，我由于个人原因在结课后直接回国，在此方面没有什么建议提供给后面的同学，可以参考其他人的建议。

总而言之，在美国学习生活的这段时间是我一生中最宝贵的财富，也是我一生中值得回忆和纪念的时刻。在美国的这一个月，我收获了知识，更是收获了意料之外的精彩经历。这些经历不仅开阔了我的视野，提高了我的英文水平，而且启迪了我对于未来人生的思考。

再见，圣地亚哥！

（作者：白勍羽 经济学院 2010 级本科生）

盛夏的果实

——圣地亚哥交换记

透过窗棂，我看见七月的阳光，圣地亚哥有着阳光之城的美誉，刚到这里时，没有太多的不习惯，因为这里的阳光总让人想起家乡，这里有着阳光般心灵的人们，总是让人想起亲人……

Sunny家的快乐时光

到了机场，校方的代表Grace就领着我们去和Homestay的家长们见面了，同伴们一个一个被叫走，家长们也走光了，可还有我和一个同学剩下了。我正纳闷的时候，Grace告诉我们，我们的家长堵在路上了，要等待一下。同时Grace悄悄地说，我们的等待一定值得，因为我们的家长不仅人特别好，而且房子特别漂亮，还有两个很可爱的女儿。在后来的经历中，也确实验证了Grace的话，Sunny是值得被等待的。

当我们坐上那辆黑色的福特时，我首先是被Sunny的年轻震惊了，她看起来一点也不像是有两个女儿的妈妈，倒像是一个时尚的lady。后来才知道，Sunny本人就是加州大学圣地亚哥分校（UCSD）毕业的，还有双硕士学位呢。

再说说Sunny的家人，她的丈夫Kevin人也特别好，每次接送我们上学特别准时，而且人特别的乐观，永远很年轻的感觉。他52岁了，可是看起来和42岁一样啊。Sunny有两个女儿，大的8岁，小的6岁，都特别可爱。美国小孩就是比我们成熟的早，有一次我问她们：你们最喜欢的玩具是什么呀？她们说：ipad！我顿时暴汗……

在Sunny家的生活非常愉快，他们家住在富人区，开大奔、住别墅，有一只可爱的狗狗叫Cody。Sunny会每天接送我们上下学，还会给我们做各种各样的食物，孩子们也特别喜欢和你交流，这是一段非常快乐的日子。

对了，Sunny还带我们吃了高级的"中餐"，其实已经是完全西化了，都是肉，很腻，用刀叉，不过也算是一种经历吧。总而言之，Sunny一家人非常好，有时会很想念那段时光和那异乡的亲人。

UCSD课堂的激情岁月

美国加州大学圣地亚哥分校（UCSD）是美国全国性第一级(Tier1)的大学，拥有一流的研究和教学设施，建有音乐研究中心、语言研究中心、加利福尼亚研究所、地球和行星物理学研究中心、海洋资源研究中心、纯自然科学和应用科学研究所、癌症研究中心、天文物理和空间科学研究中心等一大批科研机构。UCSD同时拥有强大的师生资源，其理科师资排在全美公立大学的首位。同时，学校采取小班授课，学术气氛浓厚，成为体验美式教育的乐园。

在这里主要学习三门课程，其间还穿插有讲座和参观。三门课程分别为：组织领导学（Organization Leadership）、全球商业战略(Global Business Strategy)、产品营销与管理（Product Marketing and Management）。

产品营销与管理，主要学习市场环境、市场分割、产品品牌定位、营销手段、定价方法、市场研究等内容，最后要求完成一份五到七页的论文。该课程的老师讲课很有风度，同时也会照顾到中国学生而放慢语速。课程开始需要一定的时间去适应全英文的教学，但到后来大家都与老师们聊开了，老师们都很好，很乐意与中国学生交流。

全球商业战略(Global Business Strategy)主要教授战略的发展过程、全球商业战略分析、内部因素分析、商业战略、公司战略、国际战略等内容，最后以一个小组的形式做一个展示。这门课程的老师是公认的最帅也是最年轻的老师，讲课会有些快，也不是那么有趣，但却让我们体会到了真正意义上的美式教学。

组织领导学（Organization Leadership）会教授一些人生哲理，像"领导力不是天生的而是后天养成的"，"领导他人首先要学会领导自己"，"发现世界的美"，"任何时候改变都不迟"等启迪人心的道理。课上还进行了MBTI测试，以帮助学生更加准确和深入地了解自己。在测试中你也会惊讶地发现原来你的同学、你的舍友和他表现的可以完全不一样。

此外，我们还听了国际经济学（International Economics）、环境经济学（Environmental Economics）等课程的讲座，学习到了最新的有关国际经济和环境经济的知识。有的老师会讲中文，可以很轻松地与我们交流。其间还参观了美国知名的物流公司—Price Smart，切身感受到一家好的公司要如何去运作。公司会提供小点心和饮料哦，颇有贵宾待遇呢。

UCSD的图书馆是很出名的，据说《盗梦空间》的灵感就来源于这里，图书馆白天里面可以看到外面，晚上外面可以看到里面，很神奇吧。中午吃饭可以去中间的大食堂，里面有各种各样的美食，但是最受中国学生欢迎的是自助餐，水果蔬菜一应俱全呢。

在这里的学习很开心，因为有一个轻松的氛围，老师同学平起平坐。这里的校园环境也非常好，很安静，时不时可以看到跑步的同学们。时间过得很快，开始还盼着早点结束好环游美国，一眨眼等到真要离开，才发现有好多事还没做，光阴似箭啊。

USA旅行的难忘盛夏

课程结束后，当然少不了在美国跑一跑了，其实在圣地亚哥就有很多好玩的地方，比如古香古色的Old Town。这里是加州的发源地，至今还保留着许多古老的遗迹。你可以看到各种穿着古装的人，置身其中，仿佛回到了过去。人们很乐意和你合照，有种在蜡像馆里的感觉。在圣地亚哥，不能不去的就是海边了，这里海天一色，还有小动物。你可以在沙滩上漫步，享受海风的轻抚，你可以在海中畅游，体会鱼儿的欢乐，你可以与浪花嬉戏，释放笑语与欢声……每个海滩都有自己的特色，让人流连忘返，不过一定要注意防晒哦。传说中的"胜利之吻"在圣地亚哥也有一个塑像，不过等我们到了那里才知道，塑像已经被搬走了，不过巨大的航母还在，让我们有机会体验一把。还有，美国唯一有熊猫的动物园，美国最大的海洋世界，时尚购物的Shopping Mall，各种博物馆聚集的巴比亚公园，太多太多的惊喜，等着你去发现……

带着不舍，离开了圣地亚哥，开始了去华盛顿的旅程。中间还有个小插曲，飞机要在亚特兰大转机。我当时不知道要怎么坐轻轨，到哪里下。我问机场的服务人员，不过听不太懂他们在说什么，因为涉及机场的专有名词。这时一个准备去盐湖城的叔叔，主动提出带我过去。他把我送到登机口才去赶自己的飞机，这时我又一次体会到美国人的乐于助人。带着愉悦的心情，我来到了华盛顿，华盛顿是一个很友好的城市，没有那么多的人，整个城显得很宁静、舒适。街上没有太多的车，行人也没有步履匆匆，倒是广场上的鸽子不时地飞动。因为喜欢历史的原因，我先去了国会大厦，确实很是雄伟壮观，走在台阶上，个人显得渺小，同时也会自然地生出敬畏之情。进国会博物馆时，可以得到中文的讲解器，帮助你更好的理解。在这里我整整待了一天，沉浸在人类的伟大成就之中。一代又一代的人，用他们的勤劳与智慧，推动着人类的进步。一天远远不够去感受、去体会，总是想着有机会还想去转一转。从国会大厦出来，要穿过好几个街区，才可以找到吃饭的地方。不知是否因为是下班时间，每个餐厅都人满为患，不过这也让人感觉到这个城市的生机与活力。我喜欢坐在华盛顿的广场上，很舒服的感觉，看看天、逗逗鸽子，时不时也会有松鼠围过来，调皮地看着你。就这样，让时间慢下来，慢下来……

离华盛顿不远的地方有一座城叫巴尔的摩，很美的一个海滨城市。市里有着很大的书店，有的书也就一二美元，很是划算。坐一个水上出租车，你可以到周边的很多地方。有老城区，有战争时的古战壕，有时尚的购物中心，有小意大利城……既然是海滨城市，自然少不了海味啦。这里最著名的就是大螃蟹！确实美味，我一连吃了3天的海鲜，算是饱了口福。这里有一个观城塔，就在港湾的附近。在塔上，你可以看到城的全貌，很辽阔，很大气。在观城塔里，专门有一个区域讲述911的故事，刻着不幸遇难的人的名字，放着飞机的残骸，时刻提醒着人们。后来我才知道，很多美国的城市都会在显著的地方，留出位置来纪念911，着实体现了国家的凝聚力。

在华盛顿徜徉了一个星期之后，我出发去了费城，美国第六大城、宾夕法尼亚州最大的城市，也是美国最老、最具历史意义的城市。两次大陆会议在此召开，通过了《独立宣言》；1787年在此举行制宪会议，诞生了第一部联邦宪法。1790~1800年，费城曾是美国首都。这里的一切都吸引着我。Philadelphia由两个希腊单词组成，Philos意思为爱，adelphos意思为兄弟，所以费城也被称为 "city of brotherly love"， "兄弟之爱之城"。这座城里有一个很有名的Love Park，经常会有很多人在这里合照和休闲。这里还有个有名的中国城，你可以在中国城买到真正来自中国的东西。逛累了，吃点中餐，喝杯珍珠奶茶是一个不错的选择。不过有一个问题就是，这里的东西质量确实不怎么样，我觉得有些遗憾，因为这里是中国在美国的 "门户"，我总觉得，也许不需要奢华，不需要昂贵，但质量是必须要保证的。不过在异国听到乡音还是挺亲切的。这里有很多人的英语都还带着很重的中国口音，有些人甚至只会说几句最简单的英语。但他们能在这里生存发展，这也让我感到了美国的包容性，它允许这样的 "国中国" 的存在。

费城的艺术博物馆是非常有名的，在这里你可以看到荷兰的瓷砖，中世纪的战衣，凡·高的真迹，毕加索的杰作，美丽的雕塑，复古的房屋，好像童话一般的世界，绝对超值。运气好的话还会碰到志愿者为你讲解。这里的自然历史博物馆也是相当的精彩，你可以与蝴蝶共舞，它们会停在你身上，让你有种 "香妃" 的感觉。你还可以亲自制造一场泥石流，感受地震，当一次主播播报天气，驾驶一个小飞机等等。自然博物馆很有趣，有些找回童真的感觉。

出了博物馆你会看到一条街上挂着各种各样的国旗，我总是会去找中国的国旗，功夫不负有心人，最终被我找到了！费城有着很多古老教堂，美轮美奂，置身其中，便会忘记了喧嚣，忘记了忧愁，虽然我不信教，也被这力量所震撼。来到这里不能不去宾夕法尼亚大学转转，在朋友的带领下我听了两场讲座，其中有一场是讲美国独立战争的。讲完后放了美国的国歌，当国歌响起，所有的美国人都站了起来，并脱帽致敬。这种情形让我很感动，爱国之心是可敬的。

坐着火车，我到了纽约，我美国之行的最后一站。也许是性格使然，我喜欢深度游，所以每个城市我都至少停留一个星期。我并没有跑很多的地方，但每一个地方，我都用心去感受。最后一站纽约，也不例外。这个被誉为"世界之都"的地方，其实并没有那么大，我们通常意义上说的纽约，其实指的只是曼哈顿这个岛。两个小时你就可以从岛的南边走到北边。这里还有非常发达的公共交通，所以你完全不需要用汽车，而且停车费是相当昂贵的，50美元2小时。因此在这里，开车成了富人的专利，你能看到的车也都是豪华车。也许是因为建成早的缘故吧，纽约的地铁并没有北京那么新，那么现代，也没有那么宽敞。

去纽约不能不去第五大道，这里有着各式各样的时尚物品，你也可以过一回Gossip Girl的生活哦。还有帝国大厦，这个耳熟能详的地方。在这里，你可以看到曼哈顿的全貌。帝国大厦的安检异常严格，好几道程序，还要排很长的队。不过还好，这里装潢很美，墙壁装饰多为来自意大利、法国、比利时、德国的不同颜色的大理石，一楼大厅更是各种艺术品的殿堂，这样一来等待的时候就不会太无聊。帝国大厦的建成只用了410天，堪称建筑史上的奇迹。帝国大厦的功能除了作为旅游景点之外，更是一栋超高层的现代化办公大楼，许多金融、旅游、保险等行业的大公司都在这里租用办公室，一来提高知名度和可信度，二来也显示公司有相当的实力。帝国大厦和自由女神像一起被称为纽约的标志。地上建筑有381米高的帝国大厦，自1931年以来，雄踞世界最高建筑的宝座达40年之久，直到1971年才被世贸中心超过。此后，世贸中心成为世界上最高的建筑，帝国大厦也只能从世界第一高楼的宝座上退了下来。但后来几十年里，又有很多建筑超过了帝国大厦，如马来西亚的双子塔等。"9·11"恐怖袭击事件后，帝国大厦又重新成为纽约的最高建筑。大厦总共拥有6 500个窗户、73部电梯，从底层步行至顶层须经过1 860级台阶。它的总建筑面积为204 385平方米。在这里还发生了一件让我心有余悸的事情，在我离开帝国大厦的第二天，帝国大厦便发生了枪击案，2死9伤。只差一天的时间而已，当时我也在纽约，事件发生后，我惊讶于美国人的镇定。他们并没有慌乱，一切仍然井然有序。这不禁让我想起了"9·11"事件中他们表现出的那种素质，这方面确实值得我们学习。

纽约是购物者的天堂，在这里买衣服鞋子是不用交税的，不过一次性购物超过120美元就要交了，所以你可以选择分次付款。其实不一定要去奥特莱斯的，要倒车不说，来回的时间很长，曼哈顿就有很多物美价廉的地方。

纽约的自然博物馆也很值得一去，里面关于恐龙的介绍是最有特色的。其实纽约有各种各样的博物馆，是世界上拥有博物馆最多的城市。这里还有很多的展览，像我在的时候就看到了关于人体的展览，关于中国秦始皇兵马俑的展览，还有关于CIA，FBI的间谍技术的展览。间谍技术着实震惊了我，无所不能似的，不过这职业也确实非常危险。不能不提的还有时代广场，其实时代广场不是一个严格意义上的广场，它是由高楼围出的一块区域。周围都是很大的荧光屏和各种各样的购物中心。在正对着时代广场的荧光屏上你可以看到站在时代广场上的人。所以不论什么时候，那里总是会有很多人在对着荧光屏挥舞手臂，很有意思。在一个街区后，有一家美国最大的玩具店，店门口会有很多的玩具人，有点像迪士尼的感觉。还有"build a bear"，在这里，你可以自己制作一个独一无二的泰迪熊。你的熊会有名字，有生辰，你还可以给它洗澡，带他游戏，还可以放一个录音进去，让它永远陪伴着你，非常有意义。而且店员也非常热情和友善，让你感到他们每天都很开心。

严格意义上华尔街已经不是金融中心了。因为没有扩展的空间，很多金融公司已经搬到洛克菲勒中心去了。不过人们还是习惯了华尔街的称号。在华尔街上有华盛顿纪念馆，其实华盛顿生前主要在纽约办公。我们所说的华盛顿特区，华盛顿本人并没有在那里办过公。曼哈顿的夜景很美，尤其是如果你可以从布鲁克林看曼哈顿的话，这里真是一座不夜城，让人不忍离开……

时光如水，总是无言。两个月转瞬即逝，但这两个月的每一分每一秒都鲜活地留在我的记忆里，滋养着我成长，成熟……

2012的盛夏没有世界末日，只是新的开始，带着在这个盛夏收获的果实，我踏上新的旅程……

（作者：何文君 经济学院 2010 级本科生）

踏足美利坚

一直以来，我都有一个美国梦，能在大洋彼岸，在那些美剧和好莱坞大片里经常出现过的场景里，走一走，看一看，亲身感受下真正的美利坚合众国的魅力。通过学校的暑期赴美交流项目，我有机会在美国生活、学习、旅行，在近两个月的时间里，在美利坚留下了我的足迹，在加州大学圣地亚哥梦幻科幻般的图书馆里，在圣地亚哥的洁净街道上，在迪士尼绚丽的烟火表演中，在车来车往的金门大桥上，在美轮美奂的拉斯维加斯的夜景里，在美丽的自由女神像下，在熙熙攘攘的第五大道旁……2012年的夏天，在这个熟悉又陌生的国家里，有太多太多难忘的经历和快乐的时刻，在此撷取一二与大家分享。

第一篇 初来乍到

经过了史上最漫长的一个7月8日，我们从北京，到东京，再到洛杉矶，最后终于抵达了圣地亚哥。第一次出国的我，新奇归新奇，做什么还都比较谨慎，生怕凸显出自己是一个异乡客。在洛杉矶入关，询问官还很亲切地跟我秀起了中文，我也很高兴地又教了他几个常用词语，对美国的第一印象就是询问官的那张亲切的笑脸。之后的转机，感受了美国式安检，脱鞋解腰带，麻烦是麻烦，但是安全才是第一位的。十几个小时的飞行，让还过着北京时间的大家疲惫不堪，下了飞机，看到了"Welcome to San Diego"的牌子，门外是来自太平洋的海风，头顶上是加州的阳光，确认自己没在做梦，终于，到了！

随后项目负责人带我们和另一批同学会合，而后就开始分派我们各自寄宿家庭的"家长"了。我和王晓蕾一起分到了我们的Kay大妈，一位典型的美国女士，短卷发的她抱着一只白色贵妇犬。由于是初次见面，尤其还是跟外国人，我们拘谨得很，但Kay的幽默热情一下子拉近了我们的距离。回到家，分好房间，我们才算落下脚来。本来以为只有我俩，没过一会儿，Kay又接来了之前办签证在一组的杨楠学弟，惊讶之余想想多个同学还是很好的，俗话说得好：三个臭皮匠，顶过诸葛亮。就这样，我们开始真正的美国式生活了。

第二篇 难忘圣地亚哥

学在UCSD

在加州大学圣地亚哥分校（University of California, San Diego，简称UCSD）我们参加的是国际关系与太平洋研究学院（RI/PS）的项目，学院很细致地安排了我们的课程和参观活动。我们一共有三门课，分别是：产品市场和管理（Product Marketing and Management）、组织领导学（Organizational Leadership）以及全球商务战略（Global Business Strategy），此外还有各种讲座穿插在课程里面。

国外老师的教课风格与国内的老师截然不同，我们的学习方式也需要相应地进行转变。老师们喜欢用商业实际案例来分析，从而让大家更好理解那些基础的商业知识。我们需要做的是提前阅读并思考老师要讲的案例，这时候图书馆就是一个必去的地方了。若是你参加了UCSD的项目，没有去过图书馆学习，那就枉坐了十几个小时的飞机了。图书馆外表是一座未来感十足的建筑，走进去你会发现另一个世界。由于上午的课程是10点开始，为了赶上定时定点的公交车，我们都会提前到学校，我总会选择去图书馆看会儿书，选一个东侧的位置，总能被清晨的阳光照到，还能看到学校的另一奇特建筑：倾斜小屋（Fallen Star）。它是一所建在学生宿舍楼顶上看似要坠落的小房子，趣味十足，实在是感叹UCSD人的想象力。总之，在UCSD，学习也是一件很有乐趣的事情。

闲暇时光

7月的圣地亚哥，温暖舒适，阳光明媚，气候宜人。一眼望去，总感觉自己走在那种异国的油画里。在圣地亚哥，抬头看到是天空中飞翔的海鸥，时而海风轻轻拂过。若要去海滩，只需坐10分钟的车，你就能看到蓝色的大海，白色的沙滩，悠闲地晒着太阳的男女老少，海边嬉戏的孩童，游泳的少年，冲浪的美国小伙儿……一定不能错过这些，或坐或躺，在他们中间，融入那份美国式的乐活自在。

在放学和周末，我们利用课余时间去了圣地亚哥的很多地方。喜欢购物的同学一定不能错过购物中心（UTC）和时尚谷（Fashion Valley）。时尚谷离学校

比较远，不过那里品牌比较齐全，我还是更偏爱UTC些，从学校坐车没几站就到了，适合放学后去。

除了购物，更重要的就是玩乐。圣地亚哥的海洋世界（Sea World）远近闻名，这是我第一次去美国的主题公园，迅速为它的魅力折服。在那里，人们可以触碰海豚，人们小心翼翼，海豚也乐在其中。还有大鲸鱼表演，那样的庞然大物在训练员的手势下身轻如燕，在水上空翻，美极了，所有人都在不停地感叹："WOW！"后来我们还去了圣地亚哥动物园，看到了同样来自中国的熊猫，感觉动物园似一座山林，让动物尽可能不会感觉到在笼子里，这点非常值得我们国内的动物园借鉴学习。最让我印象深刻的是美国人带着婴儿或是小孩子玩是一件特别正常的事情，没有人嫌麻烦，公园有统一的婴儿车供父母使用，通常父母们都是购买的年票，可以一年不限次带孩子来玩。伴随美国孩子成长的不是繁重的课业，而是家庭的温馨，美丽的大自然，我想，这才是我们需要努力的方向吧。

有机会一定要去学校周边的AMC看场电影，原来在美国，大家是"躺"着看电影的。还有一个项目一定不能错过，就是在圣地亚哥看场棒球，我们让房东Kay帮我们查了比赛日程表，并且帮我们在网上买了票，打印出来直接去球场就能看了。圣地亚哥是美国职业棒球大联盟（Major League Baseball，简称MLB）教士队(San Diego Padres)的主场，我们去看的那天正巧是周五晚上，感觉来看场棒球比赛是圣地亚哥当地人的周末主要节目，也算零距离感受美国式生活。我们也跟着喊了口号，造了人浪，还看到了好几个本垒打，真是不虚此行啊！

家庭生活

我们的家长Kay是一位典型的乐观开朗的美国大妈，她年轻时搬到圣地亚哥，在这里定居，有了一所自己的房子。虽然她没有结婚也没有孩子，但是她非常喜欢自己的生活方式。她开车很猛，后来一询问，才得知她年轻时当过女警察，上的是特殊的驾驶课程，才会习惯这样开车，但是绝对还是遵守交通规则的。

我们的家里可谓是联合国式房客，有墨西哥的兰多大叔，是一位建筑工人，他的名字读起来有西班牙语特殊的卷舌音，我们总也念不准他的名字，他有时候会给我们做些类似中国式的晚饭，还有正宗的墨西哥食物，比外面卖的好吃一百倍。还有来自匈牙利的理科男托马士，由于是同龄人，我们聊各自国家的风土人情，聊对美国的感受，一起玩扑克，玩家里的Wii，他还教会了我下国际象棋。还有一位美国大叔道格，比较神秘，不常出门，但是人也很好。

每天的晚餐时间都是大家最快乐的时候，Kay大妈喜欢讲各种笑话，自己总是笑得前仰后合，大家也被逗的忍俊不禁，大家都讲自己一天过的怎样，我们的学习和游玩，托马士的实验，兰多喜欢讲大道理，道格通常都是在听着，很享受这样的时光，让我们感到了家的温暖。

作为回报，我们在家做了一顿北京炸酱面，从解释到示范再看着他们好奇地品尝着异国食物，想起自己小时候第一次吃麦当劳的感觉，我们虽然有不同的文化，但这不是壁垒或障碍，友爱是我们了解别人的桥梁，而且这绝不是一条单行路，有来有往的关爱、理解、包容才能交流和进步！

一个月过得很快，临行时我们把一些从中国带来的小礼物送给了家里的所有人，互相拥抱，希望能有再见的机会。感谢这段日子，让我们在这样一个大家庭里，感受美国的生活。

第三篇 环游美利坚

8月4日的凌晨，我们踏上了为期20天的漫长旅行，美西，美东，几乎游遍了美国的主要城市和知名景点，我的美国梦也从想象变得真实，现在的我，闭上眼睛，想象中的美国不是那些美剧里和电影里的画面，而是当时的我，站在那里，看到了那些场景，真实的，美丽的，梦幻的，雄伟的，壮观的……

置身在科罗拉多大峡谷中，让我想起了我最喜欢的电影《星际迷航》中瓦肯星的景象，仿佛这种奇观并不存在于地球上。大峡谷两岸都是红色的巨岩断层，大自然用鬼斧神工的创造力镌刻出岩层嶙峋、层峦叠嶂，夹着一条深不见底的巨谷。尤其值得一提的是悬空玻璃桥，这座令人叹为观止的悬空廊桥建造在大峡谷南缘老鹰崖距谷底1 200米的高空，呈U字形，大家一定要上去走一走，俯瞰大峡谷和科罗拉多河的壮丽景观。还有那尽是红杉树林的优胜美地国家公园，拥有地热奇观的黄石国家公园，这些国家公园都尽量保持着大自然的原生态，有时能看到在小溪边饮水的角鹿，奔跑而过的棕熊，突然出现在身边的小松鼠，这些都给我们疲惫的旅行增添了一份别样的乐趣。最让大家兴奋的是在游轮上感受如暴雨般直泻而下的尼亚加拉大瀑布，而夜晚的大瀑布在灯光的映衬下却显得恬静温婉，感觉在这些震撼人心的自然风光下，随手一拍都是《国家地理》杂志里看到的风景照片，秀丽无比。

现在，那些画面仍清晰地浮现在我的脑海：高塔酒店108层俯瞰拉斯维加斯美轮美奂的夜景；金门大桥远眺优美温柔的旧金山；环球影城享受有趣刺激的电影场景；童话感十足的迪士尼拉我回到了无忧无虑的儿童时代；斯坦福大学乔布斯演讲的那片草坪；哈佛大学的三谎雕像；麻省理工建筑门牌上奇形怪状的数学符号；林肯纪念堂、华盛顿纪念碑、白宫、国会山给我们呈现的是一个平静美丽的美国首都；在繁华的纽约，有高耸的帝国大厦，也有厚重的大都会博物馆，有华尔街的铜牛，也有街边的艺术涂鸦，有霓虹闪烁的时代广场，也有古老的三一大教堂，当然，还有那自由女神像，看到了她，才让我有种真正到过美国的感觉。

终篇 旅行的意义

在这近两个月的美国之行中，每一天对于我来讲都充满惊喜，感谢学校提供的这种机会，让我2012年的夏天过的五彩斑斓，这段经历足以改变我的人生，现在的我，已不再一成不变，而是勇敢地选择改变些什么，这样生活才会更精彩。

我想，旅行的意义，不是到此一游，而是遇见了什么人，发生了什么事，感受到的那个别样的自己吧。

（作者：李锐 劳动经济学院 2011 级研究生）

2012年赴美交流感想

一个月的交流活动结束了，可我的收获已经远远超出我所能记录的。回想这一个月在美国经历的点点滴滴，从初到时的新奇到熟悉之后的从容，一切的一切，如梦似幻却绚丽多姿，足够让我用一段很长的时间去细细品味、思考个中真味，得到的收获，也远非一点专业知识那么简单。

学习篇

在美国这一个月，我们着实体验了一回美式的大学教育，教授们教起课来虽然风格迥异，可毕竟与国内有着很大不同，少了些单纯讲授，多了些师生互动。教我们领导者才能培养(Leadership Development)的教授今年已近七十，可依然活力十足，上课的时候课堂气氛总是异常活跃，因为他总是鼓励我们积极说出自己的观点，每天下课前会让我们回想自己学到了什么，学到了多少并不重要，但重要的是用心听过、想过、收获了。正是用这种方式，我们学会了为什么应该先了解自己，再关注他人，懂得了领导者才能不是上天赐予的，而是后天努力的结果，等等。我们第一次学会了用MBTI这种工具分析人的性格，进而找到契合的学习方法，找到前进的方向。而全球商业战略（Global Business Strategy）和产品营销(Product Marketing)这两门课上有很多鲜活的案例，产品营销以时下最热门的苹果公司、耐克公司等为例，轻松将我们带进了营销市场，而全球商业战略不仅仅是当堂引领我们思考分析了麦当劳等企业的商务战略，更是要我们亲自动手，查找资料，分析问题，再展示给同学们。课堂上老师讲授过的种种分析模型与方法全部都要派上用场，我们作为小组组员，从课本与网络上浩如烟海的资料查起，一点点筛选，一点点分析，一点点总结，每天大量的资料与小组讨论是必需的，这让我真正体会到了创业之艰难，工作之辛苦，年轻的我们有的是热情与活力，可是知识的积淀、经验的积累必须从现在开始脚踏实地去做，若没有行之有效的方法，再多的理想也是枉然。在这次做案例展示的过程中，没有人抱怨，没有人偷懒，所有人都齐心合力地向着一个目标努力，在这样的集体里，我感受到了一种强烈的团队精神。我很珍惜这次能与大家一起走出国门看世界的机会，而这次的小组展示无异于给这份回忆添了精彩一笔。

寄宿家庭篇

提起Suzanne——我们的Homestay 妈妈，还得从机场初识说起。那天，我们刚刚结束17小时的旅程，正疲惫而忐忑地等待寄宿家长时，意外看到一位坐轮椅的女士，在一群寄宿家长中间格外显眼。叫到我的名字时，我竟看到她

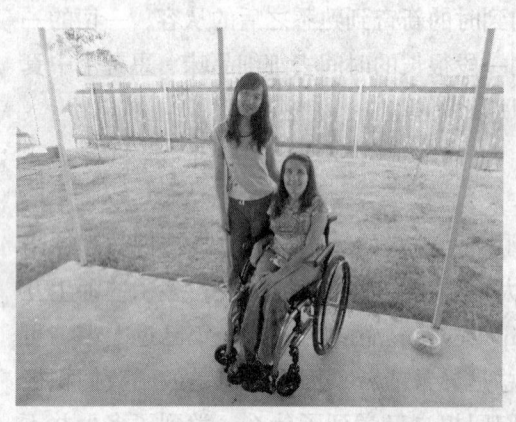

微笑着向前推动轮椅走了出来——我不敢相信自己的耳朵，她——可以吗？现实不允许我多想，只有迷茫地向前。也许吧，她的笑容是那么灿烂，眼神中流露出一份自信与从容。到了停车场，她动作娴熟地收轮椅、开车，没有注意到身旁的我们已经在默默地惊叹，先时的疑窦打消了，取而代之的是敬佩与赞叹。回家以后，这种感觉又加深了一层，家里井井有条，没有乱扔的垫子，散乱的杂物，家具纤尘不染，书架上一排排的书静静地等待着被翻阅，晚餐在炉子上咕嘟咕嘟冒着香气，没有任何一处迹象表明房主人是个身体有残疾的人。自此我开始认识美国这一特殊群体。一个月下来，我发现他们自尊，自立，不平凡，拖着并不灵便的身躯，像健全人一样生活，工作，独自上下班，独自料理家务，从不抱怨什么，也不索取什么，既没有怨天尤人，也不自暴自弃，他们从心底里是独立而自强的，他们用心经营生活，活出自己的一片天地。这样的人生态度不能不让我肃然起敬。记得在住家里看到这样一句话 "Just when the caterpillar thought the world was over, it became a butterfly" （当毛毛虫觉得世界已经毁灭的时候，它化成了一只美丽的蝴蝶）。句子很短，却有着摄人心魄的力量。也许这与美国的体制不无关系，我见到过公交车上特意为残疾人预留的空位和踏板，见到过各种停车场上醒目的残疾人车位标示，但更多的是当残疾人出现时工作人员热情的服务态度，到位的服务质量。有的时候我们真的应该检讨自己，今天的我们见到残障人士是否会戴上有色眼镜？与他们打交道时是否会流露出一点点的不耐烦，现在看来，在人人平等这方面，我们做得并不够。

生活篇

　　既然来到了圣地亚哥，就不能不好好提提这个西邻太平洋、南接墨西哥的美丽小城。圣地亚哥位于太平洋东岸，属热带沙漠气候，一年四季温差不大，气候宜人，随处可见的是挺拔的棕榈树和巨大的仙人掌，深紫近乎黑色的花朵聚集在一起，勇敢地迎接着太阳的炙烤，一株株柔软细长的植物，软软垂下形成一道道天然的"拱门"，偶尔能见到阳光下午睡的猫，慵懒地眯着眼睛，一见到你走近却立刻变得有如猎豹般警觉敏捷，一弓身跑得无影无踪。金色的阳光下，这里的一草一木，一山一石无不闪耀着美丽的光泽，显得生机勃勃。但这一切还不是最令我流连忘返的。难忘傍晚的天空，阳光渐渐失去它白天的威力，只有落日的

余晖默默地投射向静谧的大地，穿过厚厚的大气层，毒辣的阳光照在身上只剩温柔的抚摸，沉寂了一天的天空被渲染得斑斓而壮丽，如果你恰好能在海边欣赏这落日，就会清楚地看到湛蓝、橙红、紫红与深蓝和谐地融为一体，偶尔泛起一阵波涛，为这画面添上闪烁的光泽，带着几分活泼，又有几分野性，宛如鲜红的罂粟，明知背后蕴藏着汹涌波涛，可依旧美得让人无法抗拒。圣地亚哥的美，我想以此景为最。

　　作为一个以旅游业出名的城市，这里还有很多吸引游客的好去处。闻名遐迩的海洋公园里潜藏着这个地球上体积最庞大的哺乳动物——鲸，记得初见它们时并没有过多的心理准备，本以为精彩的海豚表演过后其他的已无足轻重，转过一个转角，我用余光看到有一些黑色的动物在小憩，再走近些，我忽然明白，那不是可笑的海狮，也不是滑稽的海獭，它们是真正的海洋之王——鲸，庞大的身躯陡然出现在眼前，似乎在嘲笑我们先时的不尊重，我不敢相信，它们似乎遥不可及，此时却近在咫尺，迅疾时如黑色闪电，却温顺地配合着驯兽员的口令，做出复杂的动作。它们凛然不可侵犯，行动中透出一种威仪，让我们领略到它的力量，使那天剩下的行程都显得黯然失色。另外不可错过的地方还有这里的动物园，进入动物园便仿佛进入了茂密的热带丛林，到处是啁啾的鸟鸣和蜿蜒的河水，还没等看到动物便已陶醉，而动物们，从热带的斑马到寒带的北极熊，从中

国的大熊猫到澳大利亚的考拉，种类繁多，尽显自然百态，一派妙趣横生。这里的老城（Old Town）和巴博亚公园(Barboa Park)是两个有着西班牙风情的地方，老城是加州的发源地，这里的一切都显得那么缓慢而闲适，任凭世事如何变化，这里的人们总能在那一份嘈杂中找到心灵的放松与宁静。在巴博亚，到处是美轮美奂的西班牙式建筑，雄伟壮丽的博物馆群仿佛一下子把你带入了中世纪的欧洲，漫步在佛罗伦萨的石子街上，感受那种庄严与华美。

在这里住了一个月，当地人们的热情与礼让早已让我领教。且不说Suzanne每天早晚必备的"早安""晚安"，也不说她的朋友们对我们的热情接纳，单说每天过马路时遇到的和蔼的司机们，只要看到前面有人，他们总会隔得远远地招手让行人先过，有时明明我们离车还有一段距离，足够他们开过去，他们也会耐心等候，确保我们已经通过，再一脚油门开走。每天坐公交车，乘客们不管从前门还是后门下车后都会对司机说一声"谢谢"，而司机师傅往往也会回一句"不客气"，这俨然已经成为习惯，看得我这个异国人一阵惊叹。有的时候在餐厅吃饭，服务员过不了两分钟就会微笑着问你吃的可否满意，即使你只点了一份沙拉。也许，这是一种生活态度，一句简单的"谢谢"会给人带来巨大的满足感，一件举手之劳的小事能愉悦别人一整天，这种生活态度明显已深深植根于当地人的心中。这让我想起了2008年的奥运会，我们向国际社会展示我们的中华文化，真心希望我们能将这种尊重、感恩的和谐之风延续下去。

一个月的学习结束了，熟悉的机场，熟悉的城市，我的心却被一种全新的感觉填满，初来时怀揣对未知世界的兴奋，我们踏上这段旅途，期间我们哭过、笑过、努力过、收获过，到现在，瓜熟蒂落，这一段旅程的结束，正是下一段旅程的开始，我将保留着美好的回忆，在未来的旅途中书写全新的篇章。

（作者：王仪昕 经济学院 2011 级本科生）

在UCSD学习的那一个月

　　回忆这个夏天在美国度过的那一个半月，眼前浮现出那一幕幕开心的、幸福的欢乐场景。这个暑假，我有幸参加了经济学院的加州大学圣地亚哥分校（简称UCSD）的暑期交流项目，在圣地亚哥体验了一个月的美国大学生活及美国家庭生活。一个月的课程结束后，我们一行人又在美西、美东游玩了20天。这一个半月在美国的学习生活及旅游，不仅提升了我的英语水平，还令我开阔了眼界、收获了友谊，让我对美国风土人情有了更深层次的了解，最重要的是为我留下了人生中一段美好而宝贵的记忆。下面就跟大家分享一下在UCSD学习的那一个月的时光。

　　在加州大学圣地亚哥分校的第一天，老师就带领我们参观了校园。实在是禁不住感叹，校园好大好大！我们逛了近一个小时，也才只看了学校十分之一的景色。因为学校太大，学校里的很多学生都用滑板代步，他们的滑板技术令我赞叹不已，纵使在学校里最陡的坡上，这些滑板少年也可以表现得轻松而优雅。学校里还有Shuttle Bus可乘，方便学生去教室，且是免费乘坐的。

　　校园干净而整洁，有大片大片的草地，经常有学生躺在草坪上晒晒太阳、看看书，感觉很惬意。在我们学习的地方附近，还有一片树林。树很高，但是没有绿叶，放眼望去，仿佛一片枯树林，感觉特别有意境。在这种地方学习，如此亲近大自然，内心一定可以沉静下来感受知识的魅力。

　　由于UCSD建校不过50年，所以学校里的建筑都很现代化。学校共有六个学院，每个学院建筑风格各不相同。最具代表性的建筑当属学校的图书馆了，据说电影《盗梦空间》里第三层梦境的灵感就来源于此。图书馆的两侧都是用镜子做成的墙面，白天从外面看是镜子，但是从里面看就是透明的玻璃。到了晚上就反过来，外面能看到里面，里面看不到外面。图书馆共有八层，越往上走越安静，在八层学习的都是心最静、最用功的学生。

　　课程从第二天开始正式上起，我们在UCSD共学习三门课程，分别是：组织领导力(Organizational Leadership)、产品营销与管理(Product Marketing and Management)和全球商务战略(Global Business Strategy)。课程之间，学校还安排了一些与经济贸易相关的讲座以及实地到企业参观走访。

　　三门课的老师授课风格各有不同，各具特色。第一门课是组织领导力，黄教授是名华裔，已年过70，但是讲起课来，还是非常有激情，极富感染力。在第一节课上，黄教授就告诉我们，要学会领导别人就要先学会领导自己，要领导自己就必须认识自我。课堂上，教授给我们做了MBTI的心理测试，让我们更好地了解自己。这门课更像是一门心理学的课程和励志的讲座，教授不会讲具体的知识，而是传授给我们很多意识层面的观念。教授十分注重课堂的互动，他总是鼓励我们提出问题。一开始我总是苦于没有问题可问，后来才发现只要在听课的过程中认真思考、琢磨教授所讲的观点，一定会有很多问题可问。这种互动鼓励了同学们在听课过程中多动脑思考，也活跃了课堂气氛。每次上这门课都感觉非常轻松而又收获颇多，深感自己的精神和灵魂受到了洗礼。

第二门课是产品营销与管理，这门课信息量很大，Belch教授用四天的课程时间讲授了关于市场营销学的所有重要内容，包括市场环境、市场分割、产品品牌定位、营销手段、定价方法等。Belch教授和蔼可亲，讲课时总是面带笑容。为了方便我们听懂，他还刻意放慢语速，并且经常举些浅显易懂的例子来帮助我们理解课程内容。Belch教授在传授理论知识的同时，也十分重视培养我们的分析能力。在每一天的课程前，Belch教授会发给同学们一份案例，要求我们在课前阅读。等到一天的课程即将结束时，教授会带着我们用这一天所学到的知识对案例进行分析。最值得一提的是，教授所给的案例都是时下最新的案例，比如：微软即将推出平板电脑，耐克的新市场营销手段——数字营销等。最后结课时，教授要求我们写一份五页的关于耐克的案例分析报告，通过分析材料、复习讲义、查阅资料，我们一步步地完成最后的案例报告。这一过程中，我们理论结合实际的分析能力以及英文写作能力都得到了锻炼与提高。

第三门课程是全球战略管理，John教授是三位教授里最年轻的，他语速很快。John教授每天同样会给我们安排案例阅读，然后在课堂上，结合所学的知识来分析这些案例。课程期间，学校还特意安排我们到Price Smart进行参观，听管理者分析如何发挥自己的竞争优势，如何经营跨国企业，开辟国外新市场。通过企业走访，我们得以将课上所学理论知识与企业运行中的实际情况结合起来，有效加深了对知识的理解。这门课程最后的考核方式是以小组的形式作PPT展示，我们小组的课题是关于eBay如何进入中国市场。在不到一星期的时间里，我们小组集思广益，一起讨论，一起研究，并将课上教授所讲的各个分析模型应用其中，真正做到了学以致用，同时我们的团队分工合作能力以及英语口语能力也得到了提升。

一个月的课程很快就结束了，最后一天是毕业典礼，每人都获得了结业证书，大家在一起照了合影。在UCSD学习的这一个月，丰富了我的学习经历。在这里收获的不仅是知识，更是学习态度与学习方法，将这些方法应用到今后的学习生活中，我一定会从中获益。

（作者：吴亭　外语系 2009 级本科生）

别

2012年暑假，记录了一个有关美国圣地亚哥的故事。

我的故事，想从一个普通的本子说起。

这个紫色的本子是我在美国超市买的，它是在品牌众多且纸制品价格昂贵的国度中相对便宜的东西。左侧上中下三个洞洞，是典型的美国笔记本，因为它可以随意撕下放入你的大夹子，或是作为课堂作业、小测的标准用纸。它的封皮上标识着"70 sheets"。一页一页数，它真的有70页纸。也许只有我这样无聊的人才会去一张一张验证，不过这是我的习惯。

说完了本子，说说课程结束后我在冰淇淋店工作的事儿吧。

老板是我在中国认识的一位老奶奶Pat，她的店在俄勒冈州的一个码头。她卖的冰淇淋每次都分量很足很足，用土话说就是很"着实"，每一个球都是反复摁压过的，所以所谓"一勺"（One Scoop）都是两到三勺量的积累。相反，在中国麦当劳、肯德基等跨国名企里面的冰淇淋，量，大家心照不宣，质，渐渐冰碴多起来了。这是其一。

其二还是关于品质。有人一直邀请Pat把冰淇淋店开到中国，负责经营就好，其他一切不用她操心。可是她从头至尾都是斩钉截铁地回答：NO！给出的原因很简单：中国没有令她满意的冰淇淋。不怪她卖弄，犹记得当我第一次品尝到她卖的冰淇淋，她带着那副骄傲的神情对我讲：现在你知道什么是真正的冰淇淋了！不要急于否定奶奶的得意，她完全有理由、有资格这么讲，因为每年冬天冰淇淋店关门她会来中国待上五个月，中国大大小小的城市走过50多个，耳濡目染，她对中国的了解是透彻的。

这些是冰山一角，诸如麦当劳卖的薯条，边吃边数，不够一定数量可以要求赔偿一包等等。当我回国后把这类事情向我的朋友们诉说时，有一位脱口而出"这才是一个民族强盛的品质"。没错。三聚氰胺、大桥垮塌，这样的弄虚作假、缺斤短两，削蚀着我们崛起的希望。所以请我们这代人打起精神，为了品质与口碑而奋斗。

Pat有71岁了，可仍旧坚持工作。她的先生每天下班关门后都来店里打扫卫生，背部有疼痛的毛病，可清洁一丝不苟。奶奶作为冰淇淋店的所有者，同样会像付给打工的学生薪水一样每月付给先生工资。很简单的生活我却感受到不一样的理念。自食其力、工作认真、公私分明。虽然可能不及德国人的一板一眼，但是他们的原则性已强到我们无法企及的地步。有时我就在想，到底是大环境使我们变得颓废，还是国民本身的惰性使得社会看起来差强人意？我始终坚持一个观点就是人口问题，庞大的人口数量是一切问题的根源。

我否定了许多，相反Pat对中国政府给予的肯定是莫大的，她说不敢想象如此庞大的人口数量如果在美国会是怎样的一副样子，虽然中国人民对社会的不满始终存在，但是美国政府一定解决不了中国现在的问题。在中国最让她觉得伟大及震撼的事情就是每年的"春运"。上亿人次的流动是壮举，而这样的事情每年都在中国发生着，前无古人后无来者。

美国人有个通病：毫无时间观念，无论大人小孩。在圣地亚哥上学的时候，因为我们和另外一家住得近，所以我家女主人负责送，另一家负责接。我们的女主人是日本人，这个一开始让我心里比较抵触的事情随着时间的推移，才发现亚洲女性的体贴日益凸显。每天起很早为我们准备早饭，很准时地送我们去学校，休息的时候嘘寒问暖，怕我们吃不好带我们去离家很远中国超市等等。相反，接我们回家的那户人家从来没有准时过。每天放学后我们会在指定地点等她，短则半个小时，甚至是忘了要接我们。我不是要抱怨，这是基因里的区别。日本女人到美国已有三十年，但是骨子里告诉她要守时。一次我们探讨时间的问题，她跟我讲她告诉她四个孩子做任何事情都要守时，她的孩子每次都说：除了他们自己，同学、朋友没有一个人会按时出现。这是亚洲与北美的差异。他们生活安逸，没有值得着急的事情，自然不在意时间，但是时间观念对于一个在社会中求发展的青年人来说是十分重要的。美国国力强大，可以为国民提供一个可以称之为生活或是享受生命的国度，所以，请为了我们的后辈，为了他们可以拥有如此如意的生活而奋斗吧！

最后，这两个月让我感触最深的是美国人的独立，无论是经济上还是生活上。小时候总听说美国学生成人后都会自己赚钱读书，眼见为实，他们会打工负担自己的学费，不再拿家里的一分钱。我结识了一位美国姑娘，她要去其他州上大学，因此需要一台属于自己的笔记本电脑学习、上网、记录点生活什么的，但她假期打工赚的钱不够负担一台笔记本的价格，于是退而求其次买了一台ipad。她邀请我跟她一起去买，当我看到她接过用她的辛劳换来的梦寐以求的东西时，那种兴奋溢于言表，她灿烂的笑容至今让我难以忘记。于是我懂得，他们对梦想的追求从来都是靠自己。

Pat有一儿一女，都不在身边。她唯一的外孙女也有一年多没见了，这让我不得不感叹美国人家庭观念的淡漠。好像女孩子一出嫁，就脱离了这个家，生了孩子自己带，过新的生活。可邻里的和谐也是出人意料的。我们那句老话"远亲不如近邻"，在大洋彼岸得到了印证。

写到这里，我不得不再多说两句，这是一段独特的经历。我跟一个信仰摩门教的家庭去远足，前前后后一起在山上住了五天。这种对身心和意志的磨炼我从未经历过。原本计划的四英里山路因为计划不周意外变成了要登上海拔2 000米的高山。这一天，我们背着30磅的重量走了16公里野山路。暮色渐起，我头痛欲裂，想爸爸想妈妈，想想当时受的洋罪，不自觉地落泪了，而那一家人对我的照顾，使我在脆弱的时候得以坚持下来。我学会了许多，这一趟睡帐篷、野外烧饭、用泵抽水、户外上厕所（其实这很有讲究，但是难等大雅之堂，不多赘述了），让我的野外生存能力骤增。在山上的日子我们始终与垃圾为伴，因为我们不会丢弃任何食物的包装，这也是美国人对自然的保护。值得一提的是，他家四岁的儿子始终和我们在一起，从未因劳顿而停下前进的脚步，偶尔需要我们拿着登山棒牵着他走，但始终没有犯过小孩子脾气。而我们中国的儿童，大多被捧在手心里长大，娇生惯养，以至于很多男孩子都少了阳刚之气。

去了美国，学会了照顾自己。

在那里，发现了我们彼此的区别。

别了，美利坚。但也许，我会回去。

（作者：许峥 经济学院 2009 级本科生）

加州大学圣地亚哥分校暑期交换感想

充满魅力的校园

经过约16个小时的飞行后，我们终于抵达了目的地城市——圣地亚哥。圣地亚哥位于加州西南部，是美国第六大城市，风景迷人。其以美国最舒适的气候、主题娱乐公园和文化历史建筑被评为美国最棒的十个城市之一，同时也是美国最安全的城市之一。圣地亚哥的美丽风光及其友好的民风吸引了世界各地的观光客。无论是充满殖民风味的西班牙式建筑，还是帆船游艇林立的拉荷亚海湾，或是美国青少年最爱的圣地亚哥海洋世界及圣地亚哥动物园等，这里的娱乐设施都吸引了来自不同国家、不同地域的民众。此外，圣地亚哥已成为加州第二个以高科技产业为主轴的城市，直逼旧金山湾区的硅谷。圣地亚哥已不仅是一个观光的胜地，更将是美国西海岸未来10年经济及教育发展最快速的城市。

到达圣地亚哥的第二天，我们一行人便开始了探索校园之旅。加州大学圣地亚哥分校（University of California—San Diego，简称UCSD）位于美国加利福尼亚州圣地亚哥，建于1964年，校园占地面积达到5平方公里，是一所知名度很高的综合性公立大学。

我们的第一站便是《盗梦空间》取材的源泉——学校图书馆，它不仅外形壮观，更是独具内涵。图书馆设计得非常人性化，每一张桌子上都有与椅子数目相配套的电源接口，再也不用担心会出现在图书馆学习电脑没电的情况了；每一层都有专门的休息区，舒适的沙发、躺椅使我们可以劳逸结合，充分享受在图书馆的美好时光；图书馆的玻璃非常有趣，它类似于贴膜后的汽车玻璃，我们可以从图书馆里面看到外面的世界，但在外面却只能看到深褐色的玻璃；在图书馆内是不允许照相的，因为即使在假期也有很多学生在上自习，这样做也是尽可能为学生营造出良好的学习氛围。图书馆就介绍到这里，还是要亲身体验，才能有不一样的感受。

来谈谈我们的学习内容，在UCSD一共有三门课程：产品营销与管理（Product Marketing and Management）、全球商业战略（Global Business Strategy）和组织领导力（Organizational Leadership）。因为在本科的时候，我们的专业课就是双语教学并且是纯英文课本，因此对我来说，这三门课程学习起来难度并不大，国内外教学差别也不大，但在这里，老师在课堂上的案例可以说是"与时俱进"，我想这应该是我们国内教学需要改进的方面。总之，在UCSD一个月的学习生活使我获益良多，非常感谢学校能够给我这次机会，以及家人和朋友的支持。

可爱的房东Beeky

在圣地亚哥学习生活的一个月，我非常感谢我们的房东太太Beeky，她是一位典型的美国人，热情、开放、好客、友好，几乎对我们"有求必应"，是我在圣地亚哥最难忘的人。我们4个女生与房东的初次见面是在圣地亚哥国际机场，经过16个小时的飞行，大家已经非常疲惫了，但当我听到Beeky热情友好的"Hello，Dears！"时，整个人也为之一振，被她友好的言行所感染，于是便开始了一路上的说说笑笑，真有一种回家的感觉。

之后的一些事情也确实证明了我们的最初所想，Beeky就是我们的英雄。从我们居住的Homestay到距离最近的车站要步行20多分钟，每天早上几乎都是Beeky和Rudy（Beeky的老公）轮流送我们4个女生到学校，为我们节省了大量时间，否则我们要花1个多小时才能到达学校。刚到圣地亚哥没几天，我们就结伴去了当地的Fashion Valley，由于玩的比较晚了，又是第一次独自出行，于是我们在美国第一次"华丽丽"的迷路了，我们几个赶紧给Beeky打电话（当时已经是晚上十点多了），十几分钟后，英雄Beeky出场将我们几个迷糊蛋载回了家。类似的事情不胜枚举，比如去海洋世界、比如去奥特莱斯、比如海边的篝火晚会、比如周末的Party，Beeky总是做一些事情，希望我们能融入这里的生活；她总是为我们考虑，希望能为她的"孩子们"提供更多便利。她是我们的homestay-mun，我们就是她的daughters，回国后我已经开始想念她了。

在美国留下的脚印

结束了在圣地亚哥一个月紧张并快乐的学习生活后，我们便开始了轻松愉快的美国之行，从美东到美西，几乎横跨了整个美国，也让我对美国有了新的认识。

8月4日清晨我们搭乘旅游团大巴自圣地亚哥出发，沿着黄金海岸开始美西的知性之旅。大约中午时分到达丹麦城。古老的风车，北欧式的建筑勾勒出小村淡淡的轮廓；灿烂的阳光，一望无际的田野，悠悠的群山，这正是被丹麦移民称之为"太阳峡谷"——丹麦村的真实写照。透过薄雾，西班牙式的建筑群依稀可见，掩映在山峦之间，古堡越发显得庄严和神秘。赫氏古堡内珍藏着价值连城的古董和艺术品，豪华镶金的室内游泳池，富丽堂皇的大厅，令人叹为观止。欧式典雅的饰品，嵌镶在餐厅的天花板上；餐桌上的银器、烛台，经历过欧洲贵族生活的辉煌岁月，从中也不难想象出赫氏古堡黄金年代冠盖云集的盛况。

第二天驱车前往美国知名学府斯坦福大学，斯坦福大学于1891年由铁路富豪利兰·斯坦福建立，拥有的资产属于世界大学中最多的之一。它占地35平方公里，是美国面积第二大的大学。斯坦福每年拥有来自美国各州和世界各地的大约6 700名本科生和8 000名研究生。学校分为几个学院，例如斯坦福商学院、法学院、医学院和工学院等。随后前往加州第一历史文化名城旧金山。美轮美奂的罗马艺术宫、雄伟壮观的金门大桥、远近闻名的渔人码头、绚丽多彩的九曲花街以及历史悠久的中国城，这些都让人流连忘返。

作为大自然的杰作之一，优胜美地国家公园靠近内华达山脉的地理中心地区。巍峨雄伟的花岗岩，气势磅礴的瀑布和宁静的山谷，使优胜美地从任何一个角度看上去都宛如仙境一般。巨木参天，高山流水，被冰川雕琢得嶙峋陡峭的巨岩峭壁以及波光粼粼的湖面，使我恍若置身于世外桃源。毋庸置疑的是，液态以及固态的水都是造就优胜美地壮丽景观的主要功臣。在这里可以看到世界上最大块的完整花岗岩——船长岩（El Captain）以及全世界第五大瀑布——优胜美地大瀑布（Yosemite Waterfall）。

之后游览了黄石公园浪漫迷人的黄石湖、亭亭玉立的湖间钓鱼桥、隆隆巨响的火山口美景、世界奇观的老忠实喷泉、梯田玉石的巨象温泉、万马奔腾的黄石瀑布、雄伟壮观的大峡谷。我们沿着蛇河河谷进入大提顿国家公园，高耸入云的山峰覆盖着千年不化的冰河，令人叹为观止。

随后我们前往世界七大奇景之一的大峡谷公园（西缘），大峡谷西缘，属于印第安保护区，在这里可以近距离感受峡谷的壮丽以及科罗拉多河的秀美。之后我们乘坐园内班车去到老鹰崖（Eagle Point）和蝙蝠崖（Guano Point），在老鹰崖我们参观了位于峡谷边缘的全世界最高的空中步道——"玻璃桥"（Skywalk），它悬空于约海拔1 200米之上，耗资6 000万美元建造，能同时承受71架波音747客机（约32 000万磅）的重量。在这块用玻璃制成的平台上，我欣赏到720°的大峡谷美景，由不同的角度欣赏阳光与峡谷岩壁折射而形成的奇景，峡谷的壮观让我不得不赞叹大自然的神奇和伟大。

之后开始了我们的美东之行，第一站便是纽约。不得不提的就是纽约市地标——帝国大厦。我们乘坐观光环岛游轮游览哈德逊河，经自由女神像和布鲁克林桥摄影留念。我们还参观了第五大道和洛克菲勒中心，以及联合国总部，世界金融、证券交易中心华尔街，象征牛市的铜牛雕塑，纽约股票交易所，世贸遗址，时代广场，世界最大的唐人街，大都会博物馆，中央公园等。

后来，我们从华盛顿出发前往世界上最甜蜜的地方——好时巧克力世界，见识一下巧克力制作的全过程。随后前往康宁玻璃中心，不仅欣赏了30 000多件玻璃制品，还亲眼目睹了整个制作过程，看高温的玻璃水怎样在能工巧匠的手里变成精美的艺术品。最后一站便是气势磅礴的尼亚加拉瀑布，它由马蹄瀑布、美国瀑布和新娘面纱瀑布组成。白天的瀑布景色雄伟壮观，与五彩缤纷的夜景截然不同，未见瀑布，先闻其声，声势浩大，如万马奔腾，如春日雷鸣，仅能以"惊心动魄"一词来形容！万里无云时倚着栏杆，远眺"美国瀑布"，水势一泻千里，雷霆万钧，气势宏伟；"马蹄瀑布"和"新娘面纱瀑布"又是另外一番景象，成群的海鸥在白雾腾空之间穿梭盘旋，与熙来攘往的游客构成一幅有趣的画面。我们还搭乘了著名的"雾中少女"号游船穿梭于波涛起伏的瀑布间，水花迎面扑来，刺激紧张，这也为我的美国之行画上了圆满的句号。

（作者：阎韦华　工商管理学院2011级企业管理研究生）

忆美国之行

现在距离暑假圣地亚哥大学一个月的学习旅行已经过去一个月了，而那段刻骨铭心的记忆却久久挥之不去，每当翻看大家传的照片抑或是无意中听到关于圣地亚哥的新闻，我都会会心一笑，因为那个地名，已经不仅仅是地图上一个标志，而是有了很多很多的意义。就像那边活跃的课堂、和蔼的老师、热情的寄宿家庭、如画的风景等，今天回忆起来，还是欣喜如初。

一、学习篇

这四周的时间，我们共学了三门课程。

教组织领导力的教授出生在鼓浪屿，之后一直生活在美国，我本来就很喜欢心理学，所以听他的课，真的觉得很享受。虽然一些知识看起来都是很浅显易懂的，但是细细品味，却是能在我们遇到挫折的时候给予我们正能量的内容，而且在课上，我们会做MBTI性格分析测试，从而更好地了解自己，了解别人，以及如何更好地处理自己和他人的关系。老师很希望大家在课上多表达自己的想法，最后没有考试，只是期间有几次书面作业。教产品营销与管理的老师十分严谨认真，上课的时候会给大家举很多当今市场上的例子，一点也不枯燥。最后是给一个案例，然后让我们结合所讲的内容写一篇论文。教全球商业战略的老师很喜欢互动，由于每天要上4个小时的课，所以下午总会犯困，但老师总能在大家疲惫的时候抛出一些问题，活跃一下气氛。最后的作业是小组演讲，每个人都要上去讲几分钟，下面的同学也会就演讲提一些问题。总的来说，学到的不仅仅是知识，因为老师会提前让大家看好下节课要讨论的文章，我觉得这种方式让大家认识到主动学习知识的重要，因为以后出了校园也不能等着让社会告诉你一切，而是要主动汲取知识来丰富自己。

二、生活篇

天　气

圣地亚哥是个冬暖夏凉的城市，尤其是在北京七八月份都是酷暑的时候，在这里，你可以在早晚凉的时候穿一件长袖，平时凉爽的气候，会让你产生错觉，觉得这不是夏天。所以不论在街上还是校园里，会有一个很有意思的现象，同在路上走的人，有的穿长袖长裤，有的穿短袖喝冷饮。不过一定记住出门前要抹防晒霜，因为那边紫外线太强烈了，即使打伞、戴墨镜也还是会觉得很晒，尤其是去海边前，一定要提前做好防晒工作。

寄宿家庭

在机场会见到接下来四周要一起生活的家庭。一般两到四个人分到一个家庭，居住条件都是不错的。说一下我住的家庭，女主人一个人带四个平均年龄8岁的孩子，很辛苦。她的孩子隔周在家生活。她会每周采购一次，如果平时我们需要买什么，她会开车送我们去超市。在这四周里，她给我们做过两次晚饭吧，不过她说家里的所有东西都可以用，可以自己做饭，这倒是锻炼了我们的动手能力。刚住的时候我觉得她表现的没有那么热情，没有主动问我们是不是适应当地的生活，有没有觉得不习惯的地方，但是慢慢接触，尤其在我看到她对孩子们的态度后，我觉得这可能是她的一贯风格，在她心里觉得我们都应该努力变得成熟，所以如果有需求应该主动提出来，而不用等她问我们。

交 通

在圣地亚哥，如果你乘坐的公交车经过学校，那出示你的学生卡就可以免费坐。由于我们的寄宿家庭不送我们去学校，而经过我们住的地方的公交车又不经过学校，所以本来需要自己交钱坐车上学，不过学校特别照顾我们，发给我和一起住的同学一张公交卡，在圣地亚哥住的一个月内，我们可以免费坐任何公交车，很是方便。在圣地亚哥虽然每个家庭都有车，但是大街上行驶的车很少，极少会出现堵车的情况。不过要留心很多公交车都是30分钟一趟，尤其是对于我们要倒车的同学来说，错过一趟要么会导致上课迟到，要么晚上回家那班车就会不开了，因为很多公交车五六点之后就停止行驶了。所以开学第一天老师发给大家的公交车行驶表或者公交车上的小册子，大家一定要好好看看，而且有的车周末是不行驶全程的。

购 物

由于我们总在一个公交总站（UTC）等车，所以逛那里的Westfield比较多，那边有很多商店，在暑期几乎家家都会打折，而且基本上几天没去就会发现上了很多新衣服。另外去之前听朋友说ROSS店都是一些牌子的尾货，有的可能是过季衣服，有的可能是包上有一点划痕，但是都是极其便宜的正品货，从箱包到衣服到鞋子，一般都是打三折，而且店员说是每日上新，不过就是要耐心慢慢挑，即使买回去不喜欢了也没事，在美国退换货都很容易。我记得离学校最近的一家ROSS是坐201，第二站就到了，而且在ROSS旁边的店里有电影院，逛完还可以放松一下，不过美国的爆米花是咸的，有点难接受。另外在圣地亚哥有三家奥特莱斯，有一家临近墨西哥，需要坐Trolley过去，听说是这三家中最便宜的，我去的是北边一点的那家，虽然不是最大的一家，但是感觉也得逛一天才能逛完。

旅　游

圣地亚哥的校园很大很美，图书馆的建筑很有特点，学校里设施也很完善，学校的课程有几天是半天课，所以可以利用这些好好逛逛。校外可以逛逛Old Town，那是圣地亚哥的发源地，是一个小的商业社区，卖一些特产。如果时间富裕，还可以去Down Town。周末的时候去海洋公园，或者La Jolla Beach，那里的夕阳特别漂亮，然后在海边的餐馆吃个饭，吹个海风，那感觉棒极了。有一次我们Homestay的一个朋友说可以给我们弄到摇滚音乐会的门票，虽然因为没带护照不能证明自己21岁以上，最后只能在帐篷外面坐着听有点小遗憾，但我们也着实享受了一番。不过这到提醒我们，出国在外，护照一定随身携带！

四周的时间过得很快，转瞬即逝，但旅行的意义不仅仅在于体验过、经历过，而在于经历过这些后自己的成长。我很庆幸，在大学最后一个暑假参加了经济学院组织的这次活动，虽然当初参加的目的是单纯地想提高口语，但是现在回想起来，收获太多了。我也希望通过自己的这些改变，能让我在明年再次踏上那片土地。最后，学弟学妹们相信我，你一定会不虚此行的！

（作者：杨晓升　金融学院 2009 级本科生）

美国暑假交流总结

7月8日，我怀着激动的心情乘坐日本航空公司的班机从北京飞往美国圣地亚哥，开始了为期一个半月的美国游学之行。通过一个多月的游学，我体验了美国的风土人情、现代化的大学教育与自由的生活氛围，让我了解了一个真实的美国。

一、UCSD的学习生活

加州大学圣地亚哥分校（University of California, San Diego，简称UCSD）是一所位于美国加州的著名公立大学，为美国全国性第一级(Tier1)的大学，属于加州大学系统之一，位于南加州圣地亚哥市的拉荷亚（La Jolla）社区。成立于1959年的加州大学圣地亚哥分校拥有500多公亩的校园，虽然建校只有短短的50多年，但是已经成为美国顶尖的、以研究科学为主的大学之一。

首先介绍一下我的学习生活。我学习的地点是国际关系与太平洋研究学院，在这里一共上了三门课：产品营销与管理（Product Marketing and Management）、全球商业战略（Global Business Strategy）和领导力培养（Organizational Leadership）。每周上课5天，每天上课时间是早上10点到下午3点，中午休息一小时。和国内的学习比算是很轻松了，但是教授们在课上讲授的知识十分紧凑，需要全身心投入才能掌握。对于刚开始接受全英文授课的我来说，开始的几天还不适应，课上发言会很紧张，但是在全英文环境中不出一星期就适应了。这里的产品营销管理与全球商业战略两门课都是外国知名教授来教授的，课堂上结合理论与最新的案例，十分有意思。领导力培养课是一位来自圣地亚哥大学的美籍华人教授，虽然课上是全英文讲授的，但是由于教授会讲中文所以很有亲切感。领导力培养课程的考核方式是平时的课堂表现，所以在课上多和老师互动，多问问题，对于最后取得好成绩会有帮助。全球商业战略的考核是小组现场演示，一共有两个题目可以选择，一个是吉利汽车是否应该进入美国市场；另一个是易趣网如何进入中国市场。每组由老师指定题目，每组限时30分钟，最后成绩由同学打分。最难的一门课是产品营销管理课，考核方式是写一篇五页的案例分析，题目是耐克公司的最新市场营销方案的讨论。案例是最新的，所以想要抄袭是完全不行的，这也是美国教育先进的一面，从根本上杜绝了抄袭。在校学习的过程中，UCSD还安排我们参观了学校的实验室和到当地知名企业实地考察的活动。让我印象深刻的是去当地一家有名的全球零售厂商Price Smart总部参观的经历，公司的首席CFO为我们做了详细的公司介绍并为我们解答了问题，同时还贴心地准备了茶点供我们食用。

下面介绍一下校园生活。首先是交通方面，UCSD位于圣地亚哥的北部，靠近拉荷亚海湾，学校建在山上，所以每天上学从公交车站到教室需要步行20分钟。学校会给每个参加GLS项目的同学办一张学生卡，可以用这张学生卡免费乘坐通过UCSD的任何一辆公交车。同时学校内有校车可以免费乘坐，值得一说的是校车的司机都是在校的学生，并且都很友善。需要提醒大家的是，美国的公交车半小时到一小时一趟，所以出行之前要先查好时刻表。其次介绍一下学校的教学设施，UCSD的图书馆在美国大学中很有名，不仅是因为独特的外形与设计，更是因为作为《盗梦空间》的拍摄地而闻名。图书馆有七层，每一层都有自习的位置，每次去自习很容易找到座位，不像在国内每次还要去占座。同时为满足对不同学习环境的需要，每个楼层对于学生的要求也不同，通常楼层越高，环境越安静，同时会开设小组学习房间，可以进行小组讨论。UCSD的食堂名为Price Center，由于学校中的留学生比较多，里面除了美国快餐外还有不同国家的食物，如中餐、墨西哥餐、印度餐、日本餐。可能在美国吃快餐会不习惯，推荐喜欢吃中餐的同学可以去Panda Express吃中国餐。最后，介绍一下UCSD最好喝的咖啡馆，位于Student Center II附近，每天早上都有很多人去排队买咖啡。如果时间充裕的话可以选择现场调制的花式咖啡，当然也可以用自己的杯子接一美元一杯的普通咖啡喝。

二、圣地亚哥印象

圣地亚哥位于加州西南部，是美国第六大城市，以美国最舒适的气候、主题娱乐公园和文化历史建筑，被评为美国最棒的十个城市之一，同时也是美国最安全的城市之一。圣地亚哥的夏天十分凉爽，早晚温差比较大，随身带一件长袖外套十分必要，同时阳光很刺眼，太阳镜与帽子一个也不能少。圣地亚哥的美丽风光及其友好的人民吸引着世界各地的观光客，无论是充满殖民风味的西班牙式建筑，还是帆船游艇林立的拉荷亚海湾，或是美国青少年最爱的圣地亚哥海洋世界及圣地亚哥动物园等，这里的娱乐设施都吸引众多的游人。在学期期间我们赶上了一年一度的动漫展，全美国的动漫爱好者都到圣地亚哥来看展览，在街上不时会有穿着奇装异服的人在走动。此外，除了海湾崎岖，风景优美，真正让圣地亚哥出名的还是它的近代科技——无线通信和生物科技。今天，在圣地亚哥聚集了许多著名的无线通信公司。除高通外，德州仪器、三星、英特尔、摩托罗拉、松下等全球领先的高科技企业均在此地设有专门的无线通信研发机构。圣地亚哥已成为加州第二个以高科技产能为主轴的城市，直逼旧金山湾区的硅谷。圣地亚哥已不仅是一个观光的胜地，更是美国西岸未来10年经济及教育发展最快速的城市。

这次游学安排我们住在了美国当地人家中，体验了一把纯正的美国式生活。我们是4个同学住在一家，每两个人一间屋子。我们的房东是一位全职工作的女白领——卡崔娜，平时对我们像朋友一样，家庭环境比较自由。我们的家在山上，所以上学时需要房东去公交车站接送，所以如果放学想要晚一点回家的话要提前和房东打招呼。美国人家的房子普遍比较大，我们家的后院种植了很多橙子树和柠檬树，同时还自带游泳池，所以生活环境比较好。房东会负责早餐和晚餐，所以不用我们自己动手做饭。由于我们的房东是职业女性，所以早餐就比较简单了，基本就是面包和鸡蛋。晚饭都是一些美国快餐，像汉堡、热狗、土豆泥、墨西哥卷饼之类的。美国人的夜生活很丰富，大家以前看美剧经常看到的Party Time千真万确，我们的房东每周末和男朋友都要去Party或者酒吧，当然也常常叫上我们，这也算是一种新的体验。总之，这一个月的Homestay生活让我真正感受到了美国人的生活方式，了解了中西方的文化差异。这段游学的经历将是我一生的美好回忆，使我不仅开阔了视野，增长了阅历，更结识了许多新朋友。圣地亚哥这座美丽的城市给了我太多惊喜，凉爽的天气，湛蓝的大海，友善的人们，使我在临别时充满了不舍，我将永远记得这意义深刻的2012年美国之行。

（作者：王宁 经济学院 2011 级研究生）

2012年暑期美国游学心得

2012年7月8日，我们怀着激动的心情登上了前往美国的飞机，十几个小时的飞行丝毫没有减弱我对美国美好期待的热情。在项目开始之前，我对赴美国学习就有诸多憧憬和期待，希望能有所收获。到达犹他的第一天，李老师和侯老师就带着我们去了中国超市和史密斯超市（Smith's）购买一些生活必需品，随后驱车前往我们将要学习生活的犹他大学。初入犹他大学，感到不管是生活环境还是学习环境都非常优越，我们住在四人一间的公寓里，坐学校的Shuttle就可以到达教学楼。良好的学习环境让我们能够更加专注于学习和研究。

第一周是最辛苦的一周，因为初到美国会有很多的不适应，如饮食习惯均为西式凉食、授课老师全程英文教学会有语言的不适应、自己需要解决一日三餐的问题。每一周由一位老师教授一门课程，四门课程一共一个月的时间。每门课程都采用的是随堂测验的方式计算课程总成绩，因此平时学习的时候也有不小的压力，这促使我们在课堂中认真听讲、仔细做笔记。

第一门课是由经济学院院长教授的国际贸易理论，是一门比较基础的经济学专业课程，内容与国内的国贸理论大致相同，但课堂上的教学方式有些许的不同。老师会采用不同的途径来阐述同一个原理，并辅以很多的实际案例帮助我们理解，同时会涉及很多与中国有关的案例，例如会谈到中美贸易顺差的问题，同学们也能够非常积极踊跃地参与到老师的讨论环节中并借此对理论知识有更深的认识。由于这门课涉及很多理论知识，对于许多大一新生或者是其他专业的学生来说会有些困难，需要课下做准备，之后在课堂上才能更好理解。

第二门课是我们亲爱的Steve Bannister为我们介绍能源经济学。这门课对于我们国内的同学来说是十分新颖的课程，主要是从能源利用的角度分析经济问题，这给我们分析当前的经济热点问题提供了新的视角。Bannister教授十分和蔼可亲，每天都能很早到教室，同学们都十分愿意与他交流。教授对于中国的了解程度让我们吃惊，不管是各个省份的地理位置还是中国古代工业的发展历史，他都非常了解，这更加增添了我们对教授的崇敬之情。

第三门课是有关医疗保障等热点经济问题的分析。Edward老师非常风趣，同时也非常耐心。在课堂上，他总是非常富有激情地为我们讲课，当我们问及他为何总是如此有激情时，他说这是自己热爱的学科，讲到自己喜欢的东西时，总是兴奋不已，有说不完的话。这样的专业精神令我们敬佩，把自己的学科当做兴趣爱好来研究或许就是他时刻富有激情的缘由。老师还利用了一整堂课的时间为我们分析了次贷危机的成因以及发展过程，当遇到同学们不太理解的地方，他会反复解释直到所有同学都理解了。

第四门课是美国工业史，是由一名看起来非常美国的老师教授的，内容可能让许多同学有些提不起精神，但是了解美国的工业历史对于深度理解美国经济的发展历程十分有帮助。从英国的殖民地到美国的《独立宣言》，其中不仅涉及经济知识，还有许多其他政治、文化的知识。当然，作为我们在美国的最后一门课，我们也异常珍惜在美国学习的最后时光。最后，我们亲爱的Baily老师和各门课程的教授们共同给我们办了一场毕业典礼，偌大的书桌上摆满了各种水果、汉堡、蛋糕。Baily为我们每个人准备了一个小花篮，里面装满了犹他大学的纪念品、明信片。我们一个月的学习生活终于落幕了。

刚到学校，老师会给我们制作学生卡，这张卡可以用来免费乘坐穿梭城市的Trax，非常便捷，能够帮助我们到达史密斯超市购买平时做饭的材料，也可以带我们去更远一点的沃尔玛采购更加便宜的日用品，此外想要购物的同学也可以去City Creek购买化妆品，因为盐湖城的消费税比较低，去其他城市可能更贵一些。Tanger Outlets也是必去的，驱车前往需要半个小时的时间，李老师会带着我们去一趟，如果还想去可以在犹他大学的网站上发帖子拼车去。

紧接着就是我们长达半个月、横跨美国东西、穿越十几个州的游美之旅。由于事先报了团，跟团走的我们省了很多的麻烦事。黄石公园、尼亚加拉大瀑布、大峡谷等自然风光让我们流连忘返，美国的许多自然风光都是不经人工修饰的，他们要留给后代们最原始的景观。我们被告知每个国家公园里的一草一木都是不能带走的，这是美国的国家财产，不允许恣意乱动，这也显示了美国对于自然景观的保护程度。美东的风景也非常值得看，灯红酒绿的纽约、宏伟大气的华盛顿、学术气息浓厚的波士顿，每一个城市都有着各自的特征，都让我们流连忘返。最后几天我们徜徉在纽约的第五大道、麦迪逊大街和时代广场上，看着行色匆匆的美国人端着星巴克、手捧甜甜圈走在大街上，晚上的时代广场上的各种巨幕显示屏，五彩的灯箱，无不彰显着国际大都市的气息。

需要提醒各位学弟学妹们的是，跟团一定会十分辛苦，需要自理三餐，每天都会早出晚归，需要做好打持久战的准备；如果不想那么辛苦，想要更自如地安排行程，还是建议自助游。

转眼我们就要离开美国回到中国了，这长达一个半月的游学在我心里留下了许多美好的回忆，更让我深入地了解了美国人和美国。如果再有机会，我会选择再来这里。

与Steve Banniste教授的合照

（作者：余蕾 金融学院 2011 级研究生）

Trip in America

北京时间7月7号凌晨3点半，我带着困意和对未来一个月的未知以及对北京、家人和朋友们的强烈不舍，拖着行李箱奔赴首都机场，由此开始这段自力更生的神奇旅程。

经过了两次转机和横跨太平洋总共超过了24个小时之后，我们终于到达了盐湖城，我们刚刚到达取行李的地方，前来接机的李老师和侯老师一眼就发现了我们这群浩浩荡荡的中国人，老师带着我们一通忙活，又是去采购又是分宿舍，等到一切都安排好之后，我们为期一个月的盐湖城之旅算是正式拉开了帷幕。

对盐湖城的第一个印象就是晒，太晒！又晒又干！盐湖城毕竟算是在高原上，所以晒是可以预料的，但是没想到的是这里空气会这么好，每天都是晴空万里的，也没想到这里会这么干，第一个星期我的脸就被"光荣"地晒伤了。不过适应一段时间之后，发现这里的天气是真的好，日照时间也长，每天晚上9点太阳才下山，所以像我这种喜欢晴天的同学有福喽。而且出门的时候也不觉得那么晒了，基本上防晒霜和一个墨镜就够了。不过虽然这里这么热这么晒，但是室内空调都开得特别足，待时间长了会觉得有一点冷，所以建议以后要来的同学最好带一件薄的长袖，这样在室内的时候不会冷，室外又不会被晒到。

关于犹他大学，我想说这里是一所很不错的大学，学校依山而建，风景非常好，绿化面积很大很大，而且各种设施一应俱全，学校里的人也都很友善，我们走在路上经常有人跟我们打招呼，而我们向他们问一些问题，他们也都会很耐心地给我们解答，一点儿都没有之前担心过的对中国人会有歧视的问题。挑个天气好的日子，下午下课之后可以坐Shuttle随便到一站下车，到处逛一逛，感受一下这个美丽的大校园，还可以看到很多意想不到的活动。

在犹他一共上了4门课程，分别是国际贸易、能源经济学、热点经济问题和美国经济史。不得不说，这4门课的老师虽然性格不同，但是都是难得的负责任的好老师。国际贸易和美国经济史的教授虽然相对来说比较严肃，但是讲课很认真，而且我们只要有一点不明白就会反反复复地讲，直到我们全都理解为止。能源经济学的Bannister教授稳重中带着点可爱，长相也非常的萌啊，是个很可爱的老爷爷。而热点经济问题的老师Edward，应该是所有人最喜欢的老师了吧，上课很活泼，会突然跳起舞来，也会坐在窗台上安静地看着我们。他还会拿自己举很多个滑稽的例子，也会卖萌地摸着肚子说好饿啊，他会为了减肥而不吃饭，但是同时又会在一个上午的时间里喝4瓶健怡可乐，最主要的是，他会为了让我们能去看一年一度的先驱日的游行而推迟上课时间。希望这4位可爱的老师一直都能过得幸福。

在这里想感谢一下在犹他接待我们的李老师和侯老师，他们自己的工作都很忙，却还是帮我们安排了很多的活动，不仅让我们的每个周末都很充实，还安排我们去参观了高盛集团盐湖城总部和犹他州州政府，并且州议长还亲自接待了我们。李老师更是经常带我们去家里吃饭，在美国能吃到各种炖肉实在是很幸福啊！

现在就说到购物这个部分了，美国一圈转下来，我觉得盐湖城是物价相对较低的地方了，因为这里的消费税要比加州和纽约这些大城市低2%左右，而且有很多东西是打折的，有的品牌基本上一个月来一直在打折。这里化妆品要比国内便宜不少，尤其是美国的品牌，不过经验告诉我，买东西的时候千万不要看什么便宜就一个劲儿地买，一定要考虑之后行李的问题，不光是能不能装下，还有一定不要超重。除了化妆品，美国有很多吃的东西也很不错，像夏威夷果、蓝莓干什么的，都是非常好吃的，临回国的时候可以给家人多带一点回去。

在盐湖城是我非常快乐的一段时光，不仅感受了美国的文化，还结识了一群好朋友，大家每天一起上课一起做饭，分工明确，不会做饭的就负责刷碗，原本不会做饭的我也学会了不少菜，做的还有模有样的。大家在一起非常开心，上课没听懂的就一起讨论，晚上闲下来了就一起玩，一起出去看夜景，一起出去看国内延迟上映和不引进的电影，还有两位同学正好赶上过生日，大家还买了蛋糕给他们过了一个盐湖城时间的生日。其中一个女生寒假的时候就要真正地来犹他大学读本科了，祝她好运。

总之，在盐湖城的这一个月，学习和生活都非常愉快。

学习结束了以后我们还去了圣地亚哥、洛杉矶、拉斯维加斯、旧金山、纽约这些地方旅游，这些地方各有各的特点，圣地亚哥天气很好，有凉爽的海风也有灿烂的阳光，生活节奏也比较慢，而洛杉矶明显就不一样，和北京很像，是个生活节奏很快、面积很大的城市，并且也是富人的聚居地，从飞机上往下看，到处都是带游泳池的小别墅，世界闻名的好莱坞、环球影城、迪斯尼乐园都在这里，这里还是男生们喜欢的湖人的主场。拉斯维加斯是一个完完全全的娱乐大都市，这里走在街上的人中，大概有80%都是游客。拉斯维加斯真的是一座黑夜中才会苏醒的城市，一派奢靡的繁华景象，年满21岁的同学也可以在这里试试手气。旧金山就像是一个已经过了鼎盛年纪的老人，虽然盛事不再，但风韵犹存，在这里可以感受到第一代华人移民来到美国的情景。纽约则是一个标准的国际化大都市，从这个城市有三个机场就能大概了解它的繁忙与繁华，它有着每个大城市都有的一切特点，但是时代广场、中央公园、第五大道、帝国大厦、自由女神像这些地标又在无时无刻地提醒你，你现在身在纽约。不夸张地说，置身于时代广场或是第五大道或是整个曼哈顿岛的任何一个角落，那首Empire State of New York都会不自觉地出现在你的脑海里。然而，也许是时间太紧没能好好看看这些风格迥异的城市，也许是去的地方都是旅游胜地，虽然玩得很开心，但是总感觉这些城市都大同小异，以后有机会一定还要把这些城市好好看一看。

纽约时间8月19号，在离开家一个半月、45天之后，我终于踏上了回国的飞机，在地球的这一面起飞，一路上追随着太阳飞到另一面，经过了13个小时，终于再次落地，这个时候，是北京时间8月20号晚上9点半。

回想这次美国之行，盐湖城是我这次去美国最喜欢的一个城市，也许是因为它的不吵不闹、悠闲的生活步伐，也许是因为那里永远艳阳高照，也许是因为有这么一群可爱的人和我相伴，但是这个犹他州的首府却决不闭塞，它有着犹他州最大的公共图书馆，有犹他州最好的公立大学，还举办过冬奥会。安静却不落后，生活安逸又到处体现出现代气息，盐湖城把一个大城市该有多大拿捏得恰到好处。我会想念这个美丽又安静的城市。

Goodbye Salt Lake City. See you Salt Lake City.

（作者：梁逸深 经济学院 2010 级本科生）

犹他感受

学习篇

我们这次来到位于盐湖城的犹他大学进行学习。由于是住校内宿舍，我们的衣食必须自理。在盐湖城国际机场，负责接机的侯老师与李老师等人与我们会合，当时已经傍晚八点了。他们首先将我们送到了超市购物，准备第二天的伙食。在超市里，我们待了很长时间，毕竟自己要花的是美元，无论如何也得精打细算些。由于时间紧，我只买了一个三明治。我们到的时候恰逢周末，第二天还有一天的时间可以购物。

之后我们来到了宿舍。美国大学的宿舍就是不一样，四个人每人一间，还有两个独立卫生间，一个厨房。由于旅程奔波，在简单地收拾收拾后，我们便进入了梦乡。

第二天，王老师带着我们一起重回到了那家超市。我听说美国的土豆和胡萝卜很便宜，而且肉比带叶子的菜便宜，所以在仔细考虑后我买了些培根、米饭以及一袋子土豆和胡萝卜。后来我发现，如果在美国一个月精打细算地生活下来，生活费跟中国差不多。刨除锅碗瓢盆等初始费用（Starting Expenses），一个月120$足矣。

第一周的课是国际贸易，老师叫Steve。对于厌倦经济理论的我来说，他的课并不是很有吸引力，但他经常能举出贴切的实例，我觉得能将这些理论和现实紧密结合，对学生是有帮助的。在国内大学，老师常说一句话："这和现实有一定差距"，这让我觉得学习这些理论似乎无用武之地。

接下来的三周我们学习了能源经济学、美国热点问题以及美国经济史。在这几周，我们充分锻炼了自己的口语，积极与老师沟通，提高了自己的综合能力，为今后出国留学打下了基础。

游玩篇

由于热爱自由，所以在课余游玩的时候经常是一个人。如果你也想自己出行，一定要会使用谷歌地图，认清东西南北。第一周，我自己去了犹他大学校内的军事博物馆，以及山后的历史博物馆和花园。这三个景点对于犹他大学的学生来说都是免费的。但我相信很少有人去过其中的一个。博物馆讲述了犹他的历史，有一些恐龙化石，还有大盐湖里唯一的生物，一种白虾。博物馆的设施真的让我十分惊叹，很有意思，他们用一个球造出蚂蚁穴，用自来水龙头模仿暴雨带来的水土流失。出了博物馆，我就来到了花园。那个花园十分大，快抵上一座大学了。里面的景色很美，不时还能看见小动物，如松鼠、鸭子，还有蛇。我想，一提到蛇大家都很害怕。是的，后山上会有蛇，而且管理人员为了给动物提供一个良好环境，不会驱赶蛇。如果你发现它在路中央挡住了去路，再告诉管理员。话说这个大公园直接连着后山，我也曾自己去后山游玩过。当然，如果你自己去最好还是带把刀，否则会有一定危险。侯老师在得知我一个人上山后便告诫我不要自己行动，最好五个男生一起。他们经常看到一些小动物的尸体。

众所周知，盐湖城是摩门教的中心。圣殿广场被列为美国最值得去的几个景点之一。当我只身来到圣殿广场后，我被那里的建筑所震撼。那里一共有十几个建筑，中间的大教堂只有摩门教的门徒才能进。我没办法进去看看，真的很遗憾。但是，会议中心那座建筑也很宏伟，里面有一个可以容纳几千人的礼堂。更让人吃惊的是，它的楼顶是座空中花园。从谷歌地图上看，如果不仔细看你真会觉得那只是个花园，而非是座建筑。参观会议中心必须有摩门教的人接待，所以当我自己走进去的时候一位管理员将我拦了下来，问我是否是与团一起来的。我告诉他，我只有自己。他说等一下，然后领着我参观了整个建筑。对于摩门教，有很多负面信息。有人把它当魔教，其实这是不对的。摩门教以前的历史的确让人侧眼，比如一夫多妻制等，但时代在变化，摩门教已经不再是从前那个摩门教了。

后来，由于我需要给我姐买些化妆品回国，所以很幸运地认识了Catherine，她是研一的大姐了。我们是因为购物才认识的。之后，我们讨论着一起去看周末在会议中心表演的唱诗班。周日一大早，我们便走向Trax，准备乘坐这种盐湖城颇具特色的交通工具，但我发现最近一趟车10点才有。由于昨晚在李老师家帮他解决了几听啤酒，所以回来后我也没关注第二天的Trax时间表就睡了。Catherine和我都不知所措，我忙拿起谷歌地图搜索最近的公交车。由于美国劳动法十分严格，周末的公交一般都是没有的。在搜索半天后没有找到任何公交。最后，我对Catherine说："咱们去停车场叫辆车吧！"Catherine用惊讶的眼神看着我。我对她说，我知道有的女生这么干过，今儿咱也这么干一次！于是，我们走到了犹他大学最西边的停车场。当我看见一个有亚裔血统的人打开车门后，我们拦住了她，告诉她我们想去看唱诗班，能否带我们过去。她爽快地答应了。后来我们才知道，那个停车场旁边的建筑恰恰是摩门教徒周末做礼拜的地点。原来她是来做礼拜的。我想，作为一个摩门教徒，听到有人想去听唱诗班一定会帮忙，他们很高兴看到新的人入会。唱诗班的表演可谓宏伟，我们无数次起立鼓掌，还有很多人留下了热泪，因为教会主席要退休了。短短的半小时唱诗结束了，她问我们是否想和她一起去做礼拜。我们爽快地答应了。她叫Gloria，美国出生，有韩国背景。在路上我们讨论着Super Junior，Wonder Girl，讨论着Nobody里她们的舞姿。一切都很开心。不过，令我没有想到的是，礼拜居然用了3个小时，真的很漫长。但我很高兴自己有这种体验。尽管自己目前不属于摩门教，但那儿的人见到我，都认为我是会员之一。然后就有黑人约着我打球，让我给他展示科比脚步（Kobe's Move）。结束后，我问Gloria吃饭了么，我们强烈要请她来宿舍吃完饭再走。Gloria对我做的鸡肉饭很满意，她走之前告诉我想不想去看夜景，我们约着下周四一起去看夜景。

这是那个周四我们在先驱碑旁的和影。We all miss u Gloria.

（作者：刘寒冰 经济学院 2009 级本科生）

美国学习心得感受

赴美学习,是我人生经历的首次境外学习,因此我倍加珍惜。在学习期间，我能够严格按照学校要求，严于律己，遵守规则，树好形象，努力学习，开阔眼界，完善自我，并提高语言能力，为学习、交流、沟通打好基础。在学习期间，从细微之处看美国的文化、社会制度与经济发展，从学习的课程中感受中美课堂氛围的不同，教授授课方法的不同，学生交流的不同以及两国之间的文化差异，收到了较好的学习效果。

一、 最初的印象

按照老师的安排与计划，我乘坐飞机先在美国西北部城市西雅图转机。西雅图北距美加边境仅174公里，距温哥华240公里。西雅图是美国太平洋西北区最大的城市，也是美国太平洋西北部商业、文化和高科技的中心，是贯穿太平洋及欧洲斯堪的纳维亚半岛的主要旅游及贸易港口城市。西雅图被青山绿水环绕，南面不远处就是美国著名的瑞尼尔山。接着从西雅图转机到达了我们的最终目的地——盐湖城。盐湖城，是美国犹他州的首府和最大城市，市内人口181 743（2000年），大都市区人口为1 018 826人，名列美国西部内陆城市的第三位，仅次于丹佛和菲尼克斯。盐湖城位于一个更大的都市区，称为Wasatch Front。Wasatch Front总人口数达2 150 000。城市位于一个山谷的北端，海拔1 320米，周围的高山海拔达到3 582米。盐湖城以紧靠大盐湖而得名。

二、对犹他大学的记忆

这次学习交流的终点是位于盐湖城的犹他大学。犹他大学始建于1850年，是美国著名的公立大学之一。校园依山傍水、风景别致，距离周围的几个国家公园仅3个小时左右的车程，是美国国家公园环境的国家级大学。据抽样调查，1999年盐湖城被评为全美最佳居住城市之一。犹他大学具有完整的学士、硕士及博士学位，拥有73个系和94个研究学科，在校学生人数约为26 000人，分别来自全美50个州和全世界109个国家。校园内有着各种各样不同的校车路线，而开放式的校园与整个盐湖城城市连成一体。犹他大学基础设施完善，教学楼、科研楼、图书馆等场馆配套设施完整。整座大学在盐湖城甚至犹他州都具有重要的地位。

三、 犹他大学校园观感

没有院墙的开放式校园，远远望去依山而建，在蓝天白云的映衬下显得格外美丽。在校园内，整个学校绿意盎然，建筑布局自然和谐，建筑别致精美，与城区的繁华得到了充分的对接。而整个校园给我的感觉就是错落有致，有些建筑物是在陡坡或深坑里利用现有地形条件错层建起来的，树木多且自然生长。除道路之外的自然环境可以说是满目葱绿的草坪，在不长草的树根周围都铺了厚厚的一层碎树皮，几乎见不到裸露的土壤。每天清晨在我等待校车去上课的过程中，都能看到校园里的园艺师在小心而又仔细地修理着树木和草坪。在学校里面还到处可见种类不同、颜色各异的鸟，它们欢快地在校园里飞来飞去，使我进一步感受到整个校园里面的自然和谐。

四、 犹他大学的生活感受

我在犹他学习生活的一个月住在了犹他大学的学生公寓，这个学生公寓同时也是2002年盐湖城冬奥会运动员居住的公寓。刚一进公寓，给我的第一感觉就是整洁，码放整齐的家具，错落有序的房间。我们居住的公寓有四间屋子，两个卫生间和一个厨房及餐厅。我认为4人一间屋子不仅能够方便大家在课余时间学习，更能使同学与同学之间更好地交流。在美国生活的另一个感受就是美国为残疾人创造了非常舒适和便利的生活环境，在学校里随处可见为残疾人准备的便利设施，而且整个盐湖城的交通工具都有着残疾人按钮，方便残疾人上下车。不仅如此，美国的机械化程度也很高，比如美国超市的结账出口往往只有一两个收银员在工作，其他的收银柜台都是机器收银，这是我在细节之处感受到的美国。

五、 犹他大学的学习感受

在犹他大学，我用四周的时间学习了四门经济学的课程。而犹他大学课堂上给我的感受就是课堂气氛和谐。老师比较注重和学生的互动，如果学生有问题，教授会非常高兴而又有耐心地为你解答。每天上课之前的小测验也为我们的学习质量提供了保证。课间，犹他大学的老师还细心地为我们准备了饼干和咖啡、绿茶等。在课余时间，我们一行人决定去图书馆学习。图书馆沿着有坡度的地势建造，进去之后直接是图书馆的三层，里面给我印象最深刻的就是宽敞、明亮和装修豪华。图书馆里面有着华丽的地毯，宽敞的过道，开放式的书架，各种沙发、茶几、躺椅。图书馆里有很多学习室和会议室。里面的人非常少，大家可以随心所欲地干自己想干的任何事情。在这样的环境里学习，怎么能没有学习兴趣呢？

六、参观州政府感受

犹他州的州政府也给我留下了很深刻的印象。离着老远的时候我就看到了它，外观与美国大部分建筑物非常相似，庄严雄伟。进到州政府以后，先是有一个志愿者给我们讲解了一下州政府的大概情况，使我们对那里有了一个初步的了解。州政府给我的感觉就是亲民，它没有高大的围墙与冰冷的守卫，所有人都可以自由地进去参观。在参观完了之后，我们还与州长进行了交流，真的是感觉州长没有什么架子，轻松地回答着我们的问题，一点儿距离感都没有。说到犹他州的州政府，整个大理石建筑非常庄严肃穆，里面富丽堂皇，身历其境给我的感觉还是比较震撼的，也使我对美国地方政府的办公流程及环境有了一个初步的了解和认识。

（作者：周奕申 经济学院 2010 级本科生）

美国学与游

"这将是一段无比美妙的旅程",如果你正在去往美国的路上,那么恭喜你,你将亲身体会到这句话的含义。

胆大心细将会是你美国行的制胜法宝,看管好你的护照及相关材料,$1 000现金,一张Visa卡(或者MasterCard,注意:美国运通或者中国银联都不好使!),外加1 000+的小学英语词汇,你就可以疯狂地享受这次美国游学旅程了。

不得不说的是,任何人都可以在互联网上轻松获得各种关于美国学习和旅游的经验和感受,除了我下面将要提到的两个专属于首经贸经济学院犹他大学交流项目的心得:

① 盐湖城犹他大学短期交流学习生活心得;

② 怎样在美国玩既丰富又细致——美东美西旅行。

一、盐湖城

几乎所有参与者都将在这里停留28天左右,衣食住行和学习娱乐都将是最贴近美国当地人生活的一段时间(在你本次游学过程中)。

印象:干净的城市;友好的居民;空旷的街道;烈日。

(一)关于课程

每年该项目的课程都不尽相同,但其难度大概是没有变化的:中微中宏的知识足以让你轻松全A通过!而本科生或许需要每天额外的半个小时去阅读材料以拿到全A的成绩,所谓的学习小组是为上课没认真听讲的人准备的。值得一提的是,诸位老师有的和蔼有的严肃有的调皮可爱或风趣幽默,但他们一定会认真而严谨地将所有课程内容展示出来,所有人都能学会如此简单的课程的!

注意事项:笔记本电脑带过去可以用来上课时查资料,不用带太多的本子和笔,学校会发给你,另外就是好好听课吧,即使内容很简单。

(二)关于宿舍

盐湖城求学期间除了去黄石游玩,其他时间我都住在犹他大学的访客公寓:四个人一间公寓,每人一个房间,两人一个卫生间,有威力十足的中央空调以及功能强大的开放式厨房,每层都有洗衣机和烘干机,作为学生公寓来说无可挑剔。你唯一的敌人就是刚去美国时8个小时的恐怖时差,开始的一周很难正常作息。

注意事项：衣服架、毛巾自带比较好，注意不要把地面弄得太脏，本人在宿舍开了生日Party，意外发生蛋糕大战，战场惨不忍睹，负责人说如果放任不管可能会导致$500+的罚款，最后花了三四个小时才清理干净。当然即使没有蛋糕大战之类的意外，有污迹的地面或者厨房都会被罚款，所以请注意保持屋内清洁！

（三）关于吃

一定不要高估自己对美国食物的适应能力！如果你从来没有去过美国，那我衷心地为你脆弱的胃而祈祷：汉堡、三明治、沙拉，这就是盐湖城的主流菜肴，听上去不错，但同行的人没有一个能坚持吃2天以上（我再也不想看到这种食物！），所以不要犹豫，从到达盐湖城的第一天开始就自己做中国菜吃吧！偶尔的BBQ和中国餐厅（盐湖城一共没两家中国餐馆）无法满足一个中国人对热菜的渴望。

注意事项：削皮工具和切丝工具将是烹饪神器，其他炊具锅碗瓢盆刀叉筷子都在美国买好了，物美价廉！当地负责老师会提供很多厨具给你。沃尔玛和史密斯超市是最常去的购买食材和生活用品的地方，可以满足你大多数的需求（当地还有中国超市和东南超市卖亚洲食材）。

（四）关于游玩

个人最喜欢的景观是摩门教圣殿广场（Temple Square），全世界摩门教徒的圣地，精致宏伟的教堂，静谧的花园和一对对传教士，这里只有传教姐妹，她们都是两个人在一起向来访的游客讲解摩门教的教义和历史。你可以见到来自世界各地的美女传教士（包括中国），在这里可以亲身感受美国人的宗教观念和对信仰的理解，这正是中国文化中所缺失的部分。

此外还有无数可以赏玩的地方：狮屋、犹他爵士队主场、大盐湖、黄石国家公园、大提顿国家公园、大铜矿等（吐槽一下，对于美国旅行中的景观，我想说虽然去过之后很多地方景色很一般，但不去看一看的话绝对会留下遗憾，比如大盐湖和大铜矿这样的地方，不要错过任何一个景点！）。

（五）关于购物

盐湖城不是购物天堂，你找不到LV和Gucci的店，廉价商品在这里确实是相当廉价，Coach包包、Levi's仔裤、Polo衫，很多都只卖国内30%的价钱，所以奥特莱斯（Outlets）是个好地方（当地的李老师会组织大家去，其他时间可以租车或者搭当地留学生的车前去，也很方便），另外市中心Gateway和City Creek集中了很多不错的品牌店（包括很多国内没有的品牌，比如A.F.）。一句话：在盐湖城买化妆品和衣裤很便宜，除了奢侈品，其他东西统统在这里买是很不错的决定。

（六）重要补充

盐湖城是个近乎完美的城市，除了恐怖的日光之外：白天如果不戴墨镜出门都睁不开眼，强烈的紫外线很容易将你晒伤，SPF100+的防晒霜有了用武之地，忘记涂防晒霜被晒伤的情况时有发生。

二、美国游玩

结课后的22天本人游赏了美西美东的多数大城市和景区，包括洛杉矶、旧金山、熊世界、黄石、大提顿、大铜矿、拉斯维加斯、优胜美地、大峡谷、大盐湖、纽约、华盛顿（白宫、五角大楼、国会厅等）、波士顿（哈佛、MIT等）、费城等，回想起来最动人的就是之前提到的盐湖城，以及拉斯维加斯和纽约，有几个综合的建议（通常老师和导游都不会说的，也是我们这次普遍出现的问题）写在这里：

1. 现金要带够，所有能刷卡的地方都刷卡的话，$1 000也是需要的，很多门票（导游帮忙买的话）和小费没法刷卡。

2. 一定要开国际漫游！电话费并不贵！对于那些不开国际漫游走丢了的同学表示十分不理解！这样不仅耽误自己的时间，还影响整个队伍的行程。

3. 不要贪便宜买太多超廉价但用不上的东西，比如$1的围巾。

4. 不要带太大的箱子，因为没有装满的时候就已经超重了……更好的选择是只带一个箱子过去，在那边再买一个新的，托运两个箱子要比托运一个超重的箱子便宜。

5. 看管好你的护照和钱包（在美国刷卡统统没有密码，大多数时候也不需要签字，所以信用卡不要乱丢），用手机把护照页拍下来就好了，需要的时候展示出来就有用（比如刷卡和买某些对年龄有要求的票，或者遇到警察。当然过机场什么的还是需要原件的），平时把护照放在箱子里，我猜箱子不会随便丢的……

三、拉斯维加斯

如果错过拉斯维加斯或者只是在这里停留半天，那就太遗憾了，千万不要因为优胜美地国家公园这种地方而缩短在拉斯维加斯停留的时间！这是一座建立在内华达州贫瘠沙漠上的富饶之城，也是我美国之行最喜欢的两个城市之一，你可以在这里享受到一切你想要的东西（除了大海）。

印象：奢华；炎热。

（一）关于赌博

一定要好好赌几把！限定一个金额上限然后享受吧，老虎机简单又欢乐，21点让人心情跌宕起伏，而德州扑克会让你感受到拉斯维加斯赌博业的真正魅力。在这里的第二天下午，我用了三个小时在德州扑克牌桌上，在一帮壮汉（是牌手不是保安什么的）的包围下斩获50多美元，让我感觉兴奋极了，不过坐在我左边的意大利姑娘在同样时间里拿下了2 500多美元，实在让人羡慕。来自世界各地不同语言和肤色的赌徒，会说国语的Dealer，增增减减凌乱的筹码，这里是全世界博彩业的圣地！（21岁以下的话只能偷偷玩儿老虎机，牌桌是做不上去的……）

（二）关于其他娱乐项目

世界上十家最大的旅游酒店有九个坐落在这座罪恶之城，报团来的同学参加夜游项目可以轻松体会到这座城市的奢华，Mirage、Excalibur、巴黎、纽约、火鹤、凯萨皇宫及米高梅，每座酒店都有同样的奢华和迥异的风格。此外这里有全球最好的Show，挑选一两个去看一看吧，错过这些的话你的整个美国之行将暗淡无光。

（三）重要补充

作为全美自杀率最高的城市，拉斯维加斯的犯罪率反而非常低，远比洛杉矶、旧金山这些城市安全得多，如果说有危险，那就是你很可能迷失在这座奢华的城市中。

四、纽约

在拉斯维加斯你可以只停留一两天（事实上1~2天是最合适的时间），但在纽约，一定要停留3天以上，不要再跟着旅行团到处"赶场子"了，自助游纽约是最好的选择！曼哈顿除了厕所之外的每一个栋建筑都比黄石公园、尼尔加拉大瀑布什么的有意思得多。大都会博物馆、帝国大厦、杜莎夫人蜡像馆、中央公园、第五大道、华尔街和那只大铜牛、时代广场、自由女神像和游艇、洛克菲勒中心、纽约现代艺术博物馆，这些都只是冰山一角。毫不夸张地说，曼哈顿任意一小段街道都够逛上一整天。

印象：真正的大都市；壮观；国际化。

（一）关于购物

一句话，这里是奢侈品的天堂，你可以在这里找到任何你想要的东西，它们也通常比国内便宜40% ~ 50%，如果预算还足够的话，放手去买吧。这里高大的黑人店员也一样会说流利的中文！

（二）一些建议

哪个餐厅值得一去？第五大道旁边的意大利餐厅Lavo，奢华中带着浓郁的纽约风情，你可以尽量尝试更多的东西，千万别把遗憾带回北京！

对于这个项目，纽约通常是美国的最后一站（去夏威夷或佛罗里达的同学除外），经过两个月的异国旅程，思乡的情绪会在人群中泛滥，千万别让它影响到你的心情，享受最后的美好时光吧！

五、写在最后

真的要感谢首都经贸易大学提供了这次宝贵的机会，开始一个月的交换学习着实让人受益匪浅，事实上圣地亚哥、犹他、俄亥俄这三个项目都极具特色（圣地亚哥的Homestay可以体验美国当地人的生活，盐湖城作为摩门教圣地可以感受到浓郁的宗教气氛，俄亥俄大学全美最大的校园令人震撼），所以作为项目参与者，请把握住学校给予的宝贵机会，开始请狠狠地学，认真体会美国人学术思想的自由与学术环境的秩序，接着请尽情地玩儿，用心感受这个汇集了全球文化的美丽国家！

（作者：于蒙 金融学院 2011 级研究生）

美国游感受

2012年7月7日，我们满怀期待踏上了去往犹他大学的路程和美国东西部游，北京—东京—洛杉矶—犹他盐湖城，这一趟路程漫长而遥远，再加上部分飞机晚点，消磨了我们大量精力，但是到了盐湖城，大家立刻好奇和兴奋起来。

我们跟着盐湖城接应的老师先来到史密斯超市买几天的食物，然后前往犹他大学。犹他大学在山上，山不是很高，空气和环境都很好，到犹他大学已经是晚上，从山上往下看，城市的夜景非常漂亮，宿舍环境也很好，一个客厅、一个厨房，四个人一人一个房间，中央空调。我们休息了一天后开始上课，我们的课程包括国际贸易、能源经济学、当代问题、美国工业史，课程内容会包括一些专业知识，作为大一的新生还没有接触到专业课知识，要多请教下研究生才能明白。上课时老师们讲课很耐心，也可以随时提问，上课前会有一堆预习资料，完全看不完，把最主要的关键词看了就没什么问题。除了第一节课，每天上课都会有小测试（Quiz），关于预习或者是上节课讲的内容，只要上课基本上能听懂就不会特别难。有个年轻的男老师上课比较有意思，比较生动，经常会搞笑，让疲倦的我们一下子就清醒了。我觉得一个月学习的目的可能并不是学到多少专业知识，而是一种体验，上课时明显能够感到中西方课堂上的不同，中国上课习惯于上课一直讲，下课问问题，而美国课堂上老师更希望学生提问，在课堂上解决所有问题，下课则是休息。还有，在美国老师正常说话讲课的情况下，也能提高自己的听力和表达能力，大概知道自己的英语水平到底怎样，自己更明确自己还有哪些地方需要提高，也许我们在背单词时觉得特别的无聊、烦躁，但是真正到了英语环境就会发现，单词量真的是特别重要，有些单词非常常用，对以后出国很有利。

除了学习，生活也是自己要处理好的。首先，来到一个陌生的城市需要知道超市和购物中心的位置，熟悉交通工具，盐湖城交通很方便，Trax可从校园直达市中心，而且途经的站点也有超市，方便购买食物。在美国如果有辆车是非常方便的，可以去离盐湖城比较远、公交车不到的景点去看看。犹他大学有一部分中国留学生，人都很不错，有的带我们去过大盐湖看野牛，有幸的是我们还近距离地看到了野牛过马路。关于吃饭，宿舍有厨房，毕竟每天自己做饭刷碗会占用很多时间，我们经常几个屋拼一块吃饭，超市有半成品之类的食材，有时也自己买新鲜蔬菜回来炒菜；在外面吃大部分是快餐，有汉堡，还有墨西哥菜，看个人口味，有些味道还是不错的。我们还在接我们的李老师家吃过饭，非常丰盛的中餐，在美国吃到这样的中餐，很难得。娱乐的话，犹他大学的HC里有台球和桌上足球，是免费的，只需要押学生卡就行，我们课余时间会去那儿打台球放松，Student Union地下还有打保龄球的地方，虽然收费但不贵，大家聚在一起打保龄球也非常有乐趣。体育馆也有游泳池和排球场，学校还有单独的健身房。总体来说，犹他大学是个适合学习和娱乐的地方，盐湖城人不多、交通方便而且安静舒服，虽然有点热和晒，但总体上说很宜居。

离开了犹他大学，我们开始了美国东西部游，我们先从盐湖城坐飞机到圣地亚哥，在网上订的简单的旅店，查的路线，我们去了军港和海洋公园，由于是自由行，所以一切路线什么的都得自己打理。我们经常问路，有时走的地方比较荒凉但坚持下去还是能找到公交（Trolley），车站的工作人员特别耐心和热情地帮助我们，告诉我们去的路线和回来的路线。自由行的好处就在于可以不着急，慢慢玩，玩得非常痛快。军港在海边，风景非常美，海洋公园里有各种精彩的表演和小型过山车等娱乐项目。然后我们坐火车到洛杉矶，圣地亚哥和洛杉矶离得很近，开车也就2个小时左右，坐火车时间也差不多，而且比飞机便宜很多。美国火车内部比较宽敞、舒适，还有无线网，在火车上我很悠闲地上网看美剧。坐火车最大的好处是可以看到沿途的西海岸海景，海边上美国人都非常悠闲舒适，有晒太阳、打排球、游泳、冲浪的人，人不多，而中国比较有名的海滩上能看到的几乎都是人，这应该是文化和人口数量的差异吧。到了洛杉矶以后直接跟团，我们先去了拉斯维加斯，这是一个特别热的城市，沙漠性气候，再加上是赌城，每个人都希望在此发财，更给这个城市带来了一种浮躁的气息。拉斯维加斯的建筑都很奢华，所有酒店的一层都是赌场，有的还有购物中心。进赌场后让人眼花缭乱，不舒服，可能是因为我不喜欢这种浮躁奢靡的气氛。因为年龄不够，我也没有赌。拉斯维加斯让我最爱的是夜景，夜景非常美，小埃菲尔铁塔的宾馆，再加上音乐喷泉表演，非常美丽，还有旧城的灯光秀。第二天我们去了科罗拉多大峡谷，风景特别美丽，但是相机无法拍出来。走了透明的天空桥，其实没有那么恐怖，还是挺安全的，到大峡谷会感叹大自然的伟大和自己的渺小。回到洛杉矶，我们去了星光大道、杜莎夫人蜡像馆、迪斯尼和环球影城，让我印象特别深刻的是迪斯尼的Summer Firework和环球影城的影像效果，我觉得这两个地方非常值得一去。之后我们去了旧金山，去的时候那几天天气不好，雾气蒙蒙，但是还是没有影响我们观光的心情。我们去了渔人码头坐船，看了历史上关重罪犯人的监狱小岛，还有著名的金门大桥。最后一站是东部的纽约，在纽约待了3天，只有第二天才算是真正意义上的旅游，我们去了著名的华尔街看到了股票交易中心，去了唐人街，还去了帝国大厦顶层，在这里可以眺望纽约的整个城市景观，风景非常好，可惜不是晚上去的，如果是夜景的话应该会更加动人。

在美国旅游并不是单纯的旅游，让人感受更深刻的还有文化的冲击与碰撞。在美国的公交上，会经常看到两个完全不认识的陌生人突然因为某件事就聊了起来，就像熟人一般，有时还会有外国人主动和我们打招呼"Where are u guys from"?在纽约宾馆的健身房，我遇到两个人，一个是金发碧眼的小姑娘，还有一个聋哑的工作人员，在我跑步时小姑娘走过来用模糊不清的英文和我说想要玩跑步机，聋哑的工作人员用肢体语言告诉我能够坚持跑步很长时间特别棒。就是在这些细节上，让我觉得国界其实没那么明显，在国外也能感受到温馨。印象特别深刻的还有美国对人的尊重，也可以说是人性化，在轻轨等交通工具上，门上有按钮可以控制开关门，有时赶交通工具没赶上，门已经关了，只要车没有运行，乘客就可以按下按钮上车，决定权在乘客，而不在于驾驶轻轨的司机。每个交通工具都有为残疾人服务的设施，有专门为残疾人和轮椅留出的地方；在公交车上，有些客人的座位是可以收起来的，只要有残疾人上车，坐在那些座位上的人就会自动站起来给残疾人的轮椅让地儿，我觉得有些地方真的挺值得我们学习的。

在美国一个多月，不仅锻炼了自己的英语，而且使我变得更加独立自主，更让我体验到一种不同的文化，让我收获颇多。

（作者：焦榕 经济学院 2011 级本科生）

美国游记

一、总体影响

来盐湖城已经两天了，时差还没倒过来，早早地就睡不着了，索性起来谈谈头两天的感受，希望能通过我的见闻给国内的朋友介绍这个城市，介绍这个城市的人。

总体上讲，盐湖城是个很美丽的地方，城市绿化程度很高，很自然，坐在车上一眼望去，视野很开阔，绿树、宽阔的马路（很多路都像是长安街的宽度，道路建造的质量很高，路上跑着车并不显得拥挤，岔路口处红绿灯建造的很高大，每个红绿灯底部都有按钮，行人过马路的话需要按键。北京一些人不太多的路口红绿灯也会有这种设计，不过这边我见过的岔路口都是这种设计，因为路上很少看到行人，你坐车上等红绿灯碰巧遇到行人通过，有的会友好地和车上的人打招呼）。交叉口是按东西南北加数字命名的，很简单，比如说某个路口是south400，east500，坐车报站也是south多少，east多少，正中心好像是当地摩门教的圣殿。

路上跑的车很多，各种各样的，很少看到有骑自行车的，即使有也是那种山地车，骑车人打扮得都很酷。路两旁的民房基本上是那种三角屋顶的，高度很低，一层或两层。听在当地的中国朋友说，这边要是建高点的房屋需要得到政府的批准。除了民房，还有各种各样的商店，造型和民房差不多，只是临街是橱窗，高度也很低。偶尔会看到四层以上的建筑，这边的建筑感觉质量都很高，城市特别干净，走一路基本上看不到生活垃圾（我看过当地的垃圾桶，里面是塑料包装袋和饮料瓶什么的，都是可回收利用的）。

我们的学校犹他大学建在一个山脚下，学校很大，基本上整个山脚都是校区，当地的学生进出都是驾车，购物一趟，步行的话不是一般的累，因为有上山的坡路。学校建筑也很低，学生公寓一般三层，有的还是两层，看起来像是小别墅，分布在校区的不同位置。公寓内部的环境特别棒，三层就安了电梯，一层有那种美剧里常见的洗衣房，走廊中间位置安排了一个公用的大壁挂电视，配套三个沙发，头天晚上看到三个当地的学生在那儿打游戏。宿舍里面是四室两厅两卫的格局，配备着电烤箱、大冰箱，出水口都是分热水和凉水，凉水是可以直接饮用的。

这边的气候比较干燥，刮着风很清爽，没有国内那种三伏天，早晚感觉有点冷，中午的时候阳光很晒，但在阴凉底下很凉爽。学校因为建在山脚下，景色特别美，蓝天，白云，绿树，错落分布的洋房，公寓前停放的车辆，构成一幅如画的风景，一切搭配的那样和谐，这也许就是咱们经常说的人与自然的和谐吧。

二、当地人

过来两天，虽然没有过多地接触本地人，但是短暂的接触留下的第一印象是：当地人很友好，他们很喜欢帮助你!

刚从机场出来，车行驶到一个十字路口，红灯亮了（这边人少，只有行人通过，按了红绿灯上的信号键才会变，所以红灯亮肯定是有过路人的），我们坐在车里，过马路的行人很友好地挥手打招呼，旁边开车的侯哥微笑着摆手回应，还以为碰上熟人了，问过之后才知道根本不认识（这里的人少，整体感觉生活有张有弛，没有国内赶路人的匆忙）。

如果你是步行，会遇到三三两两的路人，大部分都是驾车出行。大多数路人会对你微笑，有些还会和你打招呼，然后说声 "have a nice day" 后离开。你要是问路，他们会很热情地指给你。我们坐当地的一种城际小火车时（好像叫 Trax，像国内的地铁，只不过铁轨是修在路面上，这边人少地广，不用开发地下交通），我们不清楚车多久能来，当地的一个戴着耳钉、骑着山地车、穿着像是跑酷男的中年男人在站台上蹬车帮我们查看（当地这种小火车可以带进自行车、轮椅，车上很少坐满人，坐了两次都空了一半座位），那份自信、率真给我们的感觉像说:Hey man,don't worry.You can count on me.

在沃尔玛购物，大批的食品都是几刀（美元）就能买到，牛奶有那种大桶装的，5，6斤的样子，不到两刀，逛一趟超市买了一堆食品还不到20刀，这边居民的生活成本相对于国内进个超市至少贡献一张大粉票的情况还是很低的。

超市购物结算时，收银员给我结账出了点错误，我感觉不太对，问身后等待结账的当地人，一个40岁左右的妇女，她很仔细地帮我看过，带我问收银员，确定出现错误后，指给我把情况说给售后服务，等我把一切弄好了，她刚结完账，拎着东西跑过来问我解决的怎么样了，脸上是那种美国式的特别开心的微笑。

三、离别感言

一转眼，来美国将近两个月了，倒计时回国的日子，越数越少，最后终于不用再数了。现在聊天，国内朋友问得最多的问题就是感觉美国怎么样。我也在想，到底美国是个什么样子呢？来之前听别人说，发达国家的生活是好山好水好寂寞，国内生活是真脏真乱真快活。这说出了他乡过客的孤独与苦闷，因为过客终究是过客，是来不及融入当地的生活的。那么从当地人的角度看这个国家到底怎么样呢？那么我就把我看到的、体会到的东西谈出来吧，请你也从当地人的角度看看这个社会怎么样。

先谈具体的生活开支吧！

你能想象一大桶牛奶（比国内食用油那样的桶小一点，奶很浓）1刀一桶吗？你能想象深紫色的大樱桃2刀或3刀一磅吗（1磅好像是0.9斤多点）？你能想象鸡蛋1刀多一盒吗（一盒好像是12个）？你能想象上好的牛肉几刀一LB吗？你能想象比手掌长的大龙虾5刀，6刀一磅吗？你能想象到超市买大堆的东西40,50刀吗？

咱不说吃的，说说穿的吧。咱先去看运动的，什么Nike，Ad，Rebook，最潮的新品100刀肯定是能搞下来的；牛仔服饰，Af，Levis，打折的二三十刀一条牛仔，Polo衫，几十块钱肯定是能买到的。户外的，Northface，Timberland，你会发现100刀原来可以买这么多东西。再来看看箱包，Coach店里挤满了黄皮肤黑头发的中国人，大包小包地往身上揽，好像不要钱。到底多少钱呢，打折的话200刀是高价了。

吃穿说了，咱看看行吧，咱年龄都不小了，买辆车开开吧。

你能想象奔驰、宝马的跑车5万、6万刀一辆吗？你能想象2 000刀能买一辆二手车吗？

可能朋友会说，拜托大哥，人家花的是美元呀，我刚开始就说了，咱要从当地人的角度来看商品的价钱，当地人收入多少呢？大家可以自己网上查查，跟咱们国内人民币工资数值上差不多的。4 000美元在美国能买什么呢，4 000人民币在国内又能买什么呢，可怜我们奔跑着也追不上飞涨的物价。美国呢，据说物价10年没多大变化，而老百姓的收入水平在提高。

总之，我们国家要走的路还很长，GDP世界第二了，不能说不是好事，但作为普通百姓，大家可能更关注的还是自己能否过上安定体面的生活。中国经济成长的福祉能够惠及普通大众，是我们每一个人的理想，也是今后政府应该特别关注和付诸实施的。

（作者：齐飞 经济学院 2011 级研究生）

美国之行感想及游记

犹他大学求学

2012年7月8日，结束了漫长而难耐的两次转机，以及烦琐的托运行李、入境安检后，我们终于来到了目的地城市，盐湖城。习惯了在北京生活的我们，初到这个四面环山的城市，感到有些荒凉，第一次来到美国，没有见到大都市的繁华与喧嚣，而是层层叠叠的落基山脉、大小高峰和悬挂于半空的白云，心中别有一番辽阔的感觉。仰望天空，仿佛到了仙境。即使是在美国这样环境比较好的国家，犹他的蓝天白云也是数一数二的。接我们的老师说，因为这里处于盆地，从太平洋来的气流汇聚，所以云影连绵。蓝天映了云的白，白云衬了天的蓝。与中国很不一样的是这里天黑的很晚，大概9点钟的时候才天黑；早上却亮得很早，5，6点钟就亮了，让人感觉一天的时间很长。

犹他州是美国比较年轻的州，1896年建立。居民多信奉基督教的分支摩门教。全美宗教信仰人数的一个统计显示，美国人信仰最多的是新教，其次是天主教，信奉摩门教的大概占1.7%，大部分在犹他。摩门教的创立者杨百翰（Brigham Young）在此开宗立义。其教义比较严格，多要求人苦修。倡导早婚，男孩子20岁左右要去世界各地传教。这就造成了我知道的两种结果：①犹他大学的学生毕业年限比较长；②学生有学习第二语言的要求和传统。这是我对犹他的前期了解。后来老师把我们分批接到了犹他大学里，犹他大学依山而建。这里有2002年盐湖城冬奥会的开幕场馆，而犹他大学也是奥运村的驻地。所以奥运会的时候，这里的老师、学生得以享受意外的假期。据抽样调查，1999年盐湖城被评为全美最佳居住城市之一。

刚来到犹他大学，我们就被安排住在学生公寓里。公寓里的设备非常齐全，有客厅、厨房、卧室、水池，就像一个家，学校里像我们住的公寓还有很多，但我们的居住条件应该算得上是最好的，这些较新的小别墅和公寓，均是冬奥会时所建，现在主要是本科生的宿舍。到了晚上，大片的草坪铺于红白色的房子前面，安静的只有风吹过的声音，对运动员来说是最好的放松风景。这里还是校园巴士的停靠点，我们每次都在HC站点上车、下车。犹他大学的校园巴士有红、蓝等颜色，环绕校园运行，很方便。

　　经过了一天的休整，在犹他大学学习的生活就正式开始了，第一天总有些紧张和新奇，没想到还没到教室，教授就远远地迎接我们，他是经济学院的院长，即将给我们上第一门课，国际经济与贸易。然后我们就尾随着他来到了教室。教室也与我们想象的不太一样，就像一个大会议室，老师在前面讲，我们随时可以提出自己的观点与见解，而且老师鼓励学生上课提问题，这表明学生对老师讲课的尊重，这与我们以前在中国，老师在课上讲，有问题下课提的习惯有很大的不同。教授上课的内容也与国内有很大不同，虽然都是在讲经济学方面的原理，但教授更加注重现实生活中的实例，他用大量的例子为我们展示了各种经济现象，对比各个国家发展经济过程中的特例。让我们很欣慰的是，他十分了解中国的经济情况，为我们解答某种经济原理怎样用中国的经济去呈现。他说他时常到中国玩儿，而且他即将到泰国讲课。可以看出他是一个治学严谨，在经济领域有独到见解的优秀的教授。差点忘了提，每天上课教授都要求进行课堂测验，也就是Quiz，检验前一天的听课效果。老师的要求很严格，每次给的时间也是有限的，如果前一天没有听懂，回去没有复习搞懂，那就惨了。所以认真听课是非常重要的，课前的预习也是很有必要的。以前我们总不重视预习，但在美国，预习甚至比复习还要重要，因为预习一定会提出一些问题，带着这些问题听课可以起到事半功倍的效果。

　　第一周的学习结束后，迎来了第一个周末，我们宿舍并没有特别的安排，之前在校园里结识了一个中国留学生，他平时也一个人过周末，我们就一起去City Creek逛街，在那里我见到了很多熟悉的品牌，但价钱普遍比国内便宜很多。美国实施价外税，所以你看到的价钱是原始的价钱，而结账时需要支付一定比例的税，犹他州的税率比较低，所以非常适合购物。在回学校的路上，我们也感受了一下盐湖城的寂静与舒适，傍晚时分，站在高岗上，有音乐从远处传来，像是棚里录的音，干净而温暖的乡村音乐。高岗上闲闲散散的人，悠然地享受着优美的乐曲。有结伴而来的伴侣，时时帮对方披衣的动作透露出甜蜜；有一起出来疯狂的好友，热闹而融洽。每个人都在享受属于自己的愉快和温馨时光。天渐渐黑下去之后，背后是红色云海，居于盆地的城市的灯光让夜戴上了朦胧的面纱，迷人而优雅。我们还看到了足球场上有很多女孩子在进行啦啦操的练习，她们每个人都激情饱满，精力充沛。我们都陶醉在这样一派祥和的景象里。在持续了两天的疯狂购物以后，新的一门课程又要开始了，我们整装待发，迎接下一个教授的到来。

　　下一个教授也是一位比较年长的学者，课程的名称是能源经济学，他也一样延续了上一个教授的传统，每节课都要进行小测验，我们也都习惯了这样的安排，每天都要复习一下前一天的内容。他的课很有特点，很多时候他都是用数据说话，他会列出很多实际的数据来说明问题，根据数据来做一下预测。这与我的专业统计学有很强的联系，所以课下我和教授交流了一下他所研究的领域，他说他主要利用统计学的方法研究经济学的问题，可以熟练运用统计软件，尤其是R软件，而且他还教经济数学，所以数量经济学应该是他比较擅长的领域。后来我让他帮我运行了他所设计的一个小程序，也是用R软件，是从世界银行网站下载数据然后做出动态的图表，非常新颖与奇特。我想回国以后一定把他所教我的一些思想运用到将来的学习当中，同时我也意识到统计学的重要性。

第二个周末，是我此次犹他之行最难忘的经历。经过了一周左右的准备，我们开始了激动人心的旅程。黄石公园非常人性化，门票可以按车收费，而且是七天有效，游客可以有充足的时间游览黄石的美景。进入公园之前路边有一片野花，五颜六色的，非常好看，丝毫不输给公园里面的景色。事先看了一些黄石公园的游记，黄石公园的主要道路大概是个8字形，左边的一段大路主要是地热景观，有一些间歇性热泉，还有彩色的热泉。地图右下角主要是黄石湖，右边中间左右是黄石峡谷,可以看到瀑布，另外还有钓鱼桥等。据说一整天看热泉类景观会让人审美疲劳，我们从西门进入，选择了先向南走观看老忠实喷泉等一些热泉,然后从黄石湖、黄石峡谷一带绕道。

到了分叉口后，我们一路向南，两旁的热泉有很多非常漂亮，据说黄石公园下面有个活火山，真担心它要是爆发会怎么样。老忠实泉稍微有点不忠实，比预告的时间大概晚了20分钟左右才喷发。喷发的时候的确很壮观，算是没有让人白等。

黄石湖风平浪静，在远处雪山的衬托下显得十分优美，有小船的时候会带起一些波浪。我们在湖边的野餐点开始午餐。吃的东西是我从国内带来的月胜斋烧羊肉，先用开水掴着包装简单加热一下，再用超市买来的墨西哥面饼包起来，味道不错。然后我们前往了黄石峡谷，有个叫做Artist Point 的观景点，可以远眺黄石瀑布。这里的景色非常壮观。还有一些小河，在草坪中画出一条条优美的曲线。路过一片河滩的时候，又看到那里聚集了很多人，肯定是又有什么野生动物了。我们纷纷下车观看，原来是有一只黑熊在那里吃东西，很悠然自得的样子。最幸运的是我们以最近的距离看到了公园里的一种大型野生动物——野牛，它慢悠悠地从我们的车边走过，看它的体型，大概都有一吨重吧。听说在黄石公园千万不能与野生动物距离太近，否则会有危险，在园区动物伤人的事件也时有发生，所以游览的同时千万要注意安全。

结束了一天的行程，我们把车开出黄石，住在邻近的小镇子里，里面有很多酒店，经过了一天的游玩，我们都有些疲惫，大家那一夜睡得特别香。一大早我们又出发了，目的地是黄石南端的大提顿公园。从大提顿进入黄石是需要买票的，但是从黄石进入大提顿却没有一个收票的大门。大提顿公园有好几个湖泊，还有好几座海拔很高的雪山。这里的雪山雄伟壮丽，相比之下，丝毫不比黄石公园里看到的雪山逊色。

结束了黄石的旅行，我们又开始了下一门课程，经济学热点，上课的老师是个年轻的帅哥，他很风趣幽默，上课气氛十分热烈，与前两个老师的风格完全不同。一样的是每节课也要有Quiz，不过都很简单。老师没有给我们太多压力，课堂气氛很轻松。最后一门课是美国经济史，老师很学术，他讲课的内容侧重于图表和数据，通过对比美国和英国上个世纪的经济发展情况，找到美国经济发展的规律，并为我们呈现每个阶段的特征。

周末的时候我们参观了犹他州的州政府，那个圆顶的洁白的建筑代表了美国大多数政府大楼的风格，是标志性的建筑。在州政府里，有很多展览与雕塑，再现了一个发展变化中的犹他。老师带领我们参观了州政府的办公室、外宾接待室、参众两院开会的礼堂，那金碧辉煌的装潢，让我们眼前一亮。值得一提的是，我们有幸坐在议员开会的地方，亲自问议员关于犹他、关于美国的问题，最后每个人都与议员合影留念。

同一个周末，我们被邀请去了美国著名的高盛公司参观，作为一个财经专业的学生，高盛公司是我们毕业以后梦寐以求的工作单位。刚一进高盛大楼，我们就被邀请到一个会议室里，然后每个部门的负责人员向我们简单介绍他们的工作内容，我们针对他们的介绍提出自己的问题，会后还与那里的实习生进行了很长时间的交流，他们大多是这里刚毕业的大学生，是否能进入高盛公司，还在考察当中。记得一个女孩带我们参观运营部的工作环境，我发现那里的员工工作真的很努力，而且很辛苦，一分耕耘一分收获嘛。

就这样，在犹他大学短短的一个月的时间很快就过去了，回想起来，我们经历了很多，仿佛每一个小小的细节都值得把它们记录下来，我也会珍藏在犹他度过的每一天的记忆，多年以后回想起来，还是会觉得很值得的。

美西旅游游记

结束犹他之旅，接下来的旅程就更加激动人心，因为真正的旅途才刚刚开始。离开犹他的当天我们就抵达洛杉矶国际机场，入住Knights旅馆。

1. 拉斯维加斯

第二天乘坐大巴车来到拉斯维加斯。拉斯维加斯是内华达州的最大城市，以赌博业为中心，有庞大的旅游、购物、度假产业，是世界知名的度假胜地之一。从一个巨型游乐场到一个真正有血有肉、活色生香的城市，拉斯维加斯在10年间脱胎换骨。每年来拉斯维加斯旅游的3 890万游客中，来购物和享受美食的占了大多数，专程来赌博的只占少数。由于周围环绕着1 000米至3 000米的高山，拉斯维加斯的气候四季分明。夏季是典型的沙漠性气候，正午的温度常常高达38 ℃左右，而晚间要相对凉爽。拉斯维加斯很少受到恶劣气候的影响，并且是全美所有大城市中相对湿度最低的区域之一。城市周围都是沙漠，和死亡谷一样干燥。我们在拉斯维加斯度过了难忘的三天两夜，看到了音乐喷泉、火山喷发表演，还有各种惊艳的Show，感受到了那里的繁华与刺激。

接下来的三天我们分别去了几个主题公园，好莱坞星光大道、环球影城、迪斯尼乐园、圣地亚哥的海洋公园，这三天我们穿梭在各种娱乐项目中间，尽情享受美国加州阳光的沐浴和其娱乐设施的先进和刺激。

2. 旧金山

对于我来说，旧金山是熟悉而又陌生的。熟悉，是因为听的次数太多，淘金热、万国博览会、旧金山宣言、嬉皮士运动、金门大桥、唐人街、渔人码头、硅谷、斯坦福、同性恋、海滩、阳光、唐山大兄、巨人队、Levi's……仿佛这个城市有永远讲不完的话题。陌生，则是因为从未有机会亲身感受旧金山。如果说旧金山是中国人最早知晓、也最熟悉的美国城市，恐怕没有什么人会反对。从1847年开始，一批批修筑铁路的华工从这里踏上了新大陆，为美国西海岸的开发献出了自己的辛勤汗水、智慧甚至生命。迄今，华人在这个城市已经繁衍生息了一个半世纪，最终使这个城市的华人越过80万，这里的唐人街也是美国华人的最大聚居地。

美东纽约旅游游记

美西的行程圆满结束后，我们乘坐美国航空（American Airline）来到了美国的大都市——纽约，开始为期六天的美东之旅。纽约市，也就是曼哈顿岛，是一个四面环水的岛屿。经过"荷兰隧道"，就来到了曼哈顿岛的Downtown地区。据导游介绍，英语中"Downtown"这个词就来自纽约曼哈顿的"下曼哈顿地区"（Lower Manhattan）。而直到现在，曼哈顿岛依然分为Downtown、Midtown和Uppertown三个地区。Downtown的流行可能是因为很多商业和金融公司都在这里设立总部或者分部的缘故。

首先，我们来到著名的华尔街。这条长仅54米、宽仅11米的狭窄街道两旁有2 900多家金融和外贸机构，著名的纽约证券交易所和美国证券交易所均设于此，它以"美国的金融中心"闻名于世。

接着参观联合国大楼，联合国总部大厦此次亦是可望不可进，大厦旁有"破碎的地球"塑像，提醒人们重视环保,保护地球;"打结的枪"塑像，警示人们放弃暴力、创建和谐。其实联合国总部大楼是可以参观的，因时间的关系我们只能留个影了。

后来我们坐船游览自由女神像。船行至曼哈顿南端,就已看到右边的爱丽斯岛了,美国早期的移民都由此进入美国。过了爱丽丝岛,远远就能望见哈德逊河口自由岛上的自由女神像了。据介绍,这座塑像是19世纪末法国为庆祝美国获得独立而送的礼物。底层是高46.9米的基座,中间是一个高12.3米的平台,上面安置着33.8米高的雕像。女神双唇紧闭,头戴光芒四射的冠冕,身着古代罗马长袍,右手高擎12米高的火炬,左手紧抱一部象征美国《独立宣言》的书。自由女神像里修有楼梯、电梯,游人可拾级而上直到女神像的头部,通过窗户可俯瞰四周的景色。我们的游船没有上岛游览的时间安排,从游船上仰望女神,那种神圣、壮丽和雄伟的感觉,不身临此境,是无法体验的。游船到此掉头回航,原路返回,我们正好观赏纽约老港区的景色。半小时后,游船返回码头。

之后上车来到第五大道,转弯后车停在洛克菲勒广场旁。这是一个包括19幢大楼、占地约9万平方米的建筑群,美国全国电视节目播送基地大都在此,许多跨国公司的总部也设在这里。广场中心是金色的普罗米修斯铜像,两边飘扬着联合国各成员国的国旗。在广场与第五大道之间的人行道两侧,建有一个又一个的花圃,为喧嚣的闹市留下一缕宁静。当年,洛克菲勒财团将联合国大楼的用地以1美元卖给了联合国,所以享有在大楼前可以悬挂联合国成员国国旗的待遇。我们由此处穿过人行道,来到商业繁荣、建筑经典的第五大道,匆匆半小时,感受高档名品所带来的购物震撼。

最后,我们去了大都会博物馆。大都会博物馆里有各国的顶尖艺术作品,估计三天三夜也无法看完,向导给了1小时参观时间,所以我们都没有进去。

8月24日,我们踏上了回国的旅程,但这段最后的行程非常不顺利。原因很简单,我们在纽约上飞机,在芝加哥转机,但是从纽约飞往芝加哥的这趟航班延误了,导致我们后面的航班也无法赶上。情急之下,工作人员帮我们把机票改签至飞往香港转机,但也要比预计时间晚到12个小时。其实还有一个问题我们很担心,因为我们的行李已经在那班延误的飞机上,而且也不能取下来,所以说行李不和我们一起走,这令我们很担心。工作人员说行李可能会在第二天的从芝加哥飞往北京的航班运过来,但他们也不确定。我们也没有办法,只好坐上了到香港转机的航班。经过了漫长的旅途,在北京落地的时间正好是26号的中午,整整晚了12个小时。后来我们询问首都机场的工作人员，才知道行李应该会在当天晚上的11点到。所以我们有的人先回家，有的人在机场等了一天行李，最后晚上终于拿到了我们的行李，美国之行也就此画上了句号。

这次美国之行，经历了很多很多事情，出门在外，会遇到很多困难，但也收获了从来不曾有过的精彩，回想起来真的很值得，而且也很难忘。虽然短短的两个月不足以感受美国深层次的文化，但我已经深深感觉到美国与中国的差异，这个国度完善的制度，友善的人民，广泛的包容性，很多地方都值得我们学习。如果有机会，我还会来到美国，希望到时候会收获更多的、不一样的精彩。

（作者：杨慧娜 经济学院 2011 级研究生）

美国游记

应该说，暑假的交流生活给我带来了一生都难以忘记的宝贵回忆。

在决定参加学校美国暑期之行之前，我便萌生了想去世界各国游学的念头。常言道，读万卷书不如行万里路。游学不仅能极大丰富我们的视野，更能让我们了解到祖国与国外的差距，让我们更加坚定地学习文化知识，好去追赶上世界强国。同时我要感谢学校给了我这次机会，不仅让我丰富了文化知识，结交到了许多朋友，更让我清楚地了解到自己将来想要做什么，为迷茫的我们打开了敞亮的大门。

出发的两个月前我就一直为这次交流做着准备，从准备签证材料，到经历签证，到计划行程、预订酒店机票，每一个过程都是一次宝贵的磨炼机会。

终于，在7月初我登上了前往美国的飞机。转了3次机，历经20多个小时的奔波，我既疲惫又无比兴奋地来到了美丽的盐湖城犹他大学校园。在购买了一些必备的生活物品、收拾了一下行李后，我便入住了当地的学生公寓。我住的公寓有四个独立的卧室、两个浴室及一个客厅和厨房。难以按捺住兴奋情绪的我一开始很难入睡，直到很久，才在疲惫与兴奋中进入了沉沉的睡眠中。

接下来的每周，我们遇到了各种各样的挑战和惊喜。

盐湖城是美国的宗教城市，同时也是犹他州的首府。尽管城市位于高原，夏日降雨较少，阳光强烈，气候偏于干燥，但是其人文气息和城市整体环境都十分优秀。城市的每个地方都一尘不染，草坪修整的也很整齐，城市公共设施十分完备，行车人素质极高。走在大街上，坐在车里都会有人跟你亲切地打招呼，绝对不会让你有一种身为外来人的感觉。总之，为期一个月的学习生活里给我最大的感触就是美国人十分热情、乐观，无论遇到怎样的挫折和痛苦，他们都会以乐观的心态去面对。

第一周的课程是国际热点问题，上课的是一位非常有学问的老教授，虽然讲述的内容有些艰深，但是课堂气氛一直很好。教授不仅跟我们探讨有关学术上的问题，同时还询问我们的生活情况和适应程度。不过课程也并不是随便玩玩或者听听就能了解的。课下，我们都会组成小组，以便讨论上课的问题和不懂的地方，因为毕竟课程还是有一些难度的。每天上课前，都会有一个小测验，检验我们上节课学习的内容，尽管问题并不很难，但还是使我们每天必须要花上些时间去讨论学习的。

在之后的课程里，每位老师都有他们各自的特点，尽管他们讲课方式不同、性格不同，给我最深的感觉都是他们非常敬业，对工作尽职尽责，细心解答每个学生提出的问题，并对讲课充满着热情。

在每一周的周末，我们在当地华人老师的带领下也过得十分充实并且有意义。我们参观了全球最大的风险投资公司——高盛公司（Goldman Sachs），了解到了高盛公司是如何控制风险并且成员之间如何参与团队协作，并预测股票、期货等金融品的走势等。参观了犹他州州政府并受到了州长的接待，就许多问题提出了疑问并得到了一一解答。我们同样还去了美国最大的国家公园黄石公园，领略到了美丽的自然风光。我们还看到了大盐湖，参观了当地的摩门教教堂，并得到了当地传教士们真诚的祝福。我们同时看到了当地先驱节盛大的游行场面和壮观的烟火大会，我们同样也去了当地最大的购物中心放松购物。总之，每一个地方都会留下宝贵的记忆，每一天都过得充满新鲜和惊喜。

伴随着一个月课程的结束，我们也终于完成了自己的交流学习之旅。在送别会上，每个同学都依依不舍，更有的同学坚定了自己要来留学的梦想。在一个月的学习生活中，我们不仅跟老师同学们建立了深厚的友谊，更独自处理着以前从来没有碰到过的问题。经过一个月的在美生活，我们的口语得到了强化，更伴随着单词量的大幅增长；摸清了盐湖城的每一个景点和地标建筑；更在饿肚子中学会了做饭。总之，这一个月让我感受到了世界是如此的美妙和广阔，同时也激励着我要更加不断努力学习的想法。

在之后的将近一个月中，我们去了美国最大的军港圣地亚哥；美国第二大城市洛杉矶；更体会到了世界赌城拉斯维加斯的激情与奢靡；我们去了三番市，感受到了不一样的海边风情，也去纽约参观了自由女神像和华尔街。尽管行程最后比较紧张，而且预算也不算太多，但我们仍然感受到了美国文化的多元和经济的发达。最终，在8月底我们踏上了返乡的路途，尽管不舍，尽管有些遗憾（还有很多地方、很多东西都没有去看、去感受），但我们已经留下了足够用一生来回味的宝贵记忆和感受。

回国之后，我们都下定决心要好好学习。同时感谢学校给了我们一次这么宝贵的机会。常言道，没有调查就没有发言权，以前总是看到新闻评论中的美国，如今我们近距离地目睹过这片大洋彼岸的土地，只有真正踏上美国这片土地，才能慢慢揭开其神秘的面纱。只有亲身经历过，才能留下一生宝贵的回忆。

（作者：李龙 经济学院 2009 级本科生）

难忘之旅

从我知道学校有去美国的暑期交流活动后，我就非常想参加。我和家人都觉得这是一次难得的学习英语、了解美国文化、开阔眼界的好机会。

3月底，我怀着激动的心情交上了报名表。当时，看着桌子上厚厚一打的报名表，我心里有了一丝不安。四月初，我怀着不安的心情参加了英语面试。四月中旬，接到通知，我被分到了犹他大学。当时，激动的心情难以表述。接下来的日子里，关于这个项目的座谈会就陆陆续续地展开了。直到6月初，我们度过了暑期之旅的最后一关——面签，这一切的准备活动才终于结束了。7月5日，我们考完了最后一门期末考试，7月7日，我们的暑期难忘之旅由此开始了。

一、学习在盐湖城

不得不说，美国的教育方式真的和中国的大学教育有很大的不同。我们每周上一门课，在盐湖城一共待四周。教我们第一门课的老师是一位非常典型的美国教授，教学态度十分严谨，但这并不意味着课堂内容很枯燥。Steven教的是国际贸易，这门课对于像我一样刚刚上完大一，只学了政治经济学和微观经济学的同学来说，真的是有点难度。对于那些不知道的专业名词，老师不会用英文说一下它的定义，而是把它放到生活中的一件事例中让你去明白它的含义。前两门课的教学风格其实是差不多的。课堂上老师都会运用各种事例和数据去讲解一个经济现象，老师也非常风趣幽默。当代经济热点问题是我们上的第三门课。这门课程最吸引我们的是授课老师的独特风格，健怡可乐不离口，一节课能喝四瓶，明明很瘦却总说要减肥，课堂上上蹿下跳特别活泼，这样上课，大家也都很活跃，课堂气氛很是热烈。最后一门课是美国发展史，这门课程相对沉闷一些，但是还是能够通过课堂知识对美国有一些新的认识。出国学习最大的好处就是你可以了解到外国人眼中的中国，听他们的感受那是一种很奇妙的感觉。在这里上课，课堂发言非常自由，有不懂的地方可以及时提问，老师都会很认真的解答。每节课结束后老师都会布置一些阅读。最后说一说犹他大学的图书馆。图书馆外表低调，里面却非常现代化。图书馆的自习室里有许多的白板可以供学生们使用，还有许多单间供同学们小组讨论时使用。

有些单间是四面透明的大玻璃，上面写满了各种算式，学术气氛非常浓厚。这里的桌椅也非常多，而且每个桌子上都有非常方便的电源接口。这里的学生也不多，完全不用考虑占座问题。这里还有各种沙发、茶几、躺椅和数量众多的大屏苹果电脑供学生随便使用。

二、生活在盐湖城

首先说说这里的气候。盐湖城真的是太干燥了。刚到这里的时候，早上起床明显感觉到口干舌燥，鼻黏膜也常出血。打开的薯片放在外面好几天都不变潮，吃起来和刚买时一样脆。这里早晚都很凉，基本上都要穿长袖。到了中午太阳直射，紫外线照射强烈，不打伞、不抹防晒霜的后果只能是晒伤。在教室里，冷气相当给力，有时即使穿了长袖也感觉非常冷。

接下来说说交通。这里的交通工具以私家车为主，但根本没有堵车这回事，上公交车和轻轨（Trax）也基本人人有座。但就是等待的时间有点儿长，公交一般30分钟一趟，轻轨15分钟一趟。不过公交和轻轨在每一个上车的地方都会有各个线路的地图和时间表，可以多拿一些，方便今后规划出门时间。这里的车票钱和中国的学生卡两毛钱坐公交相比真的是相当的贵呀。不过U-Card帮我们解决了这一烦恼。U-Card是犹他大学的学生卡，有了它，在盐湖城搭乘各种交通工具都是免费的。这大大方便了同学们业余时间的出行。

再说说在盐湖城的购物。从学校坐轻轨可直接到史密斯、City Creek、Gateway、Fashion Place。史密斯是一个大型超市，方便同学们购买一些生活用品。City Creek是近几年新建的一个购物中心，购物环境非常舒适。我们在盐湖城的一个月里恰好赶上了这里的店庆活动，在这个时候购买化妆品之类的东西是非常划算的。Gateway是一个像蓝色港湾的地方，里面有一家电影院，这里的3D IMAX效果之好，国内的简直没法比。Fashion Place是一个超大的像奥特莱斯一样的地方，相对于前几个而言，这里路程比较远，我们也就很少到这里来。

7月25日是犹他州摩门教的先驱日，用于纪念摩门教的先驱开辟了这里。这一天几乎全城放假，上午有游行，在这一天终于看到了全城的人（因为平时在街上几乎就看不到人），民众的素质都非常高，在几乎没有警察维持秩序的情况下民众都是井然有序地观看花车表演。到了晚上还会有烟火表演。看过了中国春节的烟火，再看这里的烟火简直不值一提，但重点是气氛，一种异国他乡看烟花的感觉。

三、旅行

和在盐湖城一个月的学习生活相比，接下来的旅行就是跟团走马观花了。美国的自然景观是非常值得一看的。科罗拉多大峡谷非常壮观，只是这里人比较多，玩的不是很尽兴。如果时间充裕，找一个悬岩边，静静地坐下来冥想，应该是最好的游玩方式。

美国之行虽然短暂，但却为我们的生活添加了浓墨重彩的一笔。这个暑假会是我人生中最珍贵、最值得珍惜、最美好的一段经历。

（作者：白山 经济学院 2011 级本科生）

暑期赴美国犹他大学交流有感

趁着暑期的时间，我参加了学院组织的赴美国犹他大学交流的项目。本来去之前只是觉得出国感受一下西方的教育方式和生活习惯，但没想到，短短的一个月，却成就了我最难忘的时光。

一、降落——初临盐湖城

在空中颠簸十几个小时，我们也总算昏昏沉沉地到达了盐湖城的机场。我们到那里的时候已经是黄昏了，当地负责接我们的是侯老师和李老师。刚下飞机就紧接着带我们去了一个名叫史密斯的超市购物，这也是这一个月的盐湖城生活中经常要去的地方。超市很大，只要能想到的东西基本上都能在这里买到，所以有什么忘记从国内带的东西，可以在这里补齐。盐湖城的税是我待的几个城市里最低的，超市里像牛奶、各种肉类、水果什么的都特别便宜，我现在仍旧怀念当时每天在宿舍里狂喝那2美元一大桶的牛奶或者吃着大樱桃的日子。离学校较远的地方有沃尔玛超市，但是史密斯超市确实离学校特别近，我们当时每次去的时候都是两手拎着好几大包的吃的喝的回来。

二、住

先说一说住的感受。我们初到犹他大学的宿舍时已经是晚上了，感觉晚上的犹他大学校园里真的很安静，而且还很舒适。到那里会分宿舍，4个人一个宿舍，与其说是宿舍，不如说是一个小的家，因为这里的住宿条件真的很不错，后面我们旅游的时候住各种级别的酒店都感觉不如在盐湖城住得舒服。宿舍有一个客厅，当然厨房也是在客厅里，我们之后的伙食就要靠自己的双手在灶台上解决了。宿舍有四个单独的卧室和两个卫生间，卧室里空间还是挺大的，有一张单人床，一个还算比较大的书桌和一个衣柜。宿舍里有空调，不过一般夜里也用不着开。值得一提的是，盐湖城到了晚上8点太阳才落山，所以每天晚上总感觉过得很快。提醒大家一句，来盐湖城的时候最好带一个被套，因为那里只有一个毯子，直接盖身上不是很干净，所以带个被套的话绝对不后悔。

至于校园的环境，那真的是没话说，美国的校园绿化做得很到位，到处都是绿油油的草地，甚至可以看到小孩子和他们的父母在草地上尽情地翻滚。我们是暑期过去学习的，所以校园里的人不算很多，不过早晨上课的时候还是能够见到很多同样来进行交换的学生。

三、行

首先很欣赏犹他大学的校车，虽然在我们首经贸连自行车基本上都用不上吧，但是犹他大学很大，想光凭自己的两条腿到想去的地方可有些难度。这时候校车就是最好的选择，我们每天早晨也是乘坐校车到达教学楼，盐湖城白天还是很晒的，但是校车上很凉快，似乎美国那边空调随处可见而且开的都很凉。不过这时候就要考验英语水平的高低了，因为学校里的校车有好几种线路，所以想要到达想去的地方要会看线路图，或者要询问那里的工作人员。其实后者真的很锻炼自己的口语，既然已经来了，何不抓住一切机会锻炼自己和外国人交流的能力呢？盐湖城这边的人真的很热情、很善良，只要开口问对方，他们大多数都会很热情地、面带微笑地回答你的问题。

其次就是日常在盐湖城的出行了，这里可不像国内有各种眼花缭乱的公交车，公交车在这里是很少见的，一般出去的话就乘坐一种名叫Trax的交通工具，类似于轻轨。等到犹他大学，学校会发给每人一张学生卡，凭学生卡坐Trax是免费的。Trax的线路不少，需要仔细看，不然会坐错车。我们在最开始出去的时候确实也遇到各种状况，不过其实只要愿意张嘴问路人，就算用手比划给人家，人家也会愿意告诉你怎么走的。所以我感觉在这里，提升的不光是自己的听力、口语水平，也更容易受到热情的当地人的影响，融入那里的生活，我们也不止一次在Trax上和陌生的当地人聊着我们此次游学经历。

四、吃

在这里可以吃饭的地方不少，如果想吃快餐的话，史密斯超市附近有很多，而且一般到下午1点左右就下课了，所以中午吃的时间长一点或是走的远一点也没有关系。当然最主要的还是自己做，毕竟宿舍就有一个厨房在那里等着你，何不趁此机会锻炼一下自己的厨艺？美国的肉、菜等原材料还是挺便宜的，而且最重要的是很新鲜，看着就很有吸引力，我们当时也没少吃过眼大肚子小、买了好多生肉最后没吃完都坏了的亏。不过大家在一起做饭，聚在一起吃的感觉还是很好的，味道就可以忽略不计了。学校有个Heritage Center，有点类似管理中心或是传达室那类的地方吧，就是有工作人员一直在那里，平时领手纸、垃圾袋或者询问关于校园的情况都可以到那里，在Heritage Center的二层有自助餐，中午是8美元一顿，味道还算可以，而且绝对能吃饱。不要折算成人民币感觉8美元挺贵的，到后面旅游的时候才发现8美元的自助是多么便宜。所以我们一般想要饱饱地吃一顿就去吃这个自助，基本上晚上也不用吃了。

五、学

在犹他大学的学习生活是富有乐趣的，一共学四门课程，国际贸易、能源经济学、经济热点问题和美国经济史。每门课程的教授上课风格都十分不同。第一个给我们上国际贸易课程的Steven教授讲课思路十分清晰，他先是给我们画了一张美国地图，并自嘲了几句自己的美术功底，让我们一下子就感受到美国人开朗的性格。不过每天都会有小测验，考的是前一天课堂上的内容，这就要求每天一定要认真听教授讲课，记好笔记，回去最好可以讨论一下，第二天才不会手忙脚乱。经济热点问题的老师是给我印象最深刻的，他的课堂气氛真的和我之前在电影里看到和来之前想象中的一样，笑声不断。他会每天一边讲课一边喝着一瓶又一瓶的无糖可乐，并不断强调自己对于身材的严格要求，也会经常讲到某些动物的时候就模仿起来。他让我们充分感受到了美国人的热情，同时他的课程也很吸引人，第一个热点问题就是讨论当前的医疗健康问题，这引发了我们上课以来最激烈的讨论，他的阳光、热情带动了我们整个班级的气氛。

总之，这样的经历绝对是终生难忘的，因为在美国的生活状态和在国内是完全不一样的，而且这样的一段经历有助于我们开阔视野，树立更多的自信心。回国以后，我经常想起当时在那里的生活，内心充满怀念。

（作者：李华伟　经济学院 2010 级本科生）

神奇的旅程

7月7日

一段神奇的旅程由此开始！

凌晨，由于过坏地估计了北京的交通情况，我成功地在柜台还没开的时候就到达了机场，在白排了一圈队又等了半天之后终于迎来了我们五人小分队的其他三个人。没错，就是三个！还有另外一位大神以为是明天的飞机正在床上睡大觉呢。于是我们赶紧给他打电话，不幸中的万幸就是大神居然接电话了！因为更早的时候就有人给大神打电话了，但是他没有接。不愧是大神啊！

后来，就在我们觉得大神可能会遇到北京的早高峰以及其他各种情况而赶不上飞机的时候，大神居然出现了！匆忙之中大神没有落下任何东西完好无损地出现在我们面前，"确实像做梦一样啊"，用大神本人的话来说。于是，我们五人小分队就踏上了这次轰轰烈烈的旅程。

横跨了整个太平洋，我们到达了西雅图准备转机。一位之前来过美国的同学给了我们不少指导，带领我们入海关。就在他还给我们讲解注意事项的时候，大神一个人先冲了上去！虽然无组织无纪律，但是大神还是顺利通过了。我们的指导是下一个入关的，但是有着丰富经验的指导却被扣下了，由于各种原因他被带到了一个远离人群单独办公的地方。这什么情况啊？为什么会被扣下啊？我们束手无策，再加上时间紧迫，我们四个人决定自己奔向盐湖城了，并推选大神成为新的Leader。

到了盐湖城机场之后，没人知道接机方面的联系方式。于是我们决定就在机场坐以待毙，啊不，守株待兔！果然，没等多久，接机的李老师和侯老师在茫茫人海之中发现了我们这几个亚洲面孔，成功解救我们。

至此，虽然有点偏，但我们一直走在正确的道路上，大神万岁！

7月8日

由于早到了一天，所以我和另外两个神之队成员开展了盐湖城探险活动。

犹他大学位于一座山上，有Trax（轻轨）通往市中心，非常便捷。但是我们对于这个系统一窍不通，幸好遇到了一位非常好的美国大叔。我用不怎么样的英语和他聊了一会，教他用中文说你好，他还夸我英语好！他说，我会说一点英语，他一点也不会汉语，但是我们仍然可以交流，所以证明我英语好，多么富有哲理呀！在大叔的帮助下，我们到达了沃尔玛，非常欢快地买了一些日用品。

为了不浪费那张7刀的全天（All Day）车票，我们又坐了很远，打算去Fashion Place。问路的时候遇到一帮亚裔面孔，并且他们也在说汉语，于是我们就用中文聊了起来，异国他乡遇到同胞的感觉非常亲切。

回到宿舍之后，我就体会到了盐湖城阳光的厉害！露在外面的皮肤完全变成了另一个颜色。高原上的紫外线太强烈了，虽然不是很热。于是接下来的一个月都在涂70倍的防晒霜。开始无论如何都要打伞，后来居然比较习惯了这里的气候，再加上犯懒就不打了。而且，确实只有中国人才会在不下雨的时候打伞。

7月9日

第一天上课的日子。

教授讲的国际贸易中的热点问题（Hot Topics in International Trade）。我的感受是，真没听懂多少，信息量太大了。晚上的时候就下定决心要好好学习！预习那堆资料直到头脑发昏，看到最后前面的全忘了。

7月12日

在沃尔玛和中国超市这两个好地方，以及在老师的帮助下，我们终于集齐了电饭煲、米、锅、铲子、调料等东西，可以拯救世界啦——不是——是终于可以做饭啦！五个菜，六个人，不够吃。但是，作为第一顿大餐还是非常值得纪念的。感觉对于中国人来说，在美国吃饭还是有一点贵的，所以自己做饭的话就非常划算了。而且美国的菜太单调了，还是中餐最好吃。

7月13日

本来是要去李老师家吃烧烤的！有肉吃啊！但是由于天气不给力，老师家的大院子也只能作为观赏了，无论如何我们还是有肉吃！满足了。

一大群人UNO（乌诺纸牌）场面那个壮观，每次一拍手的时候桌子都要被掀翻了。还有家庭KTV里半旧不新的歌曲，让我感觉在美的华人生活就是不一样啊，既有美利坚的先进便捷，也有对家乡文化的远离。

7月17日

第一次去了传说中的City Creek。据侯老师说，这里新建成的时候一度达到万人空巷的地步，从来没见过盐湖城居然还有那么多的人！这确实是个非常不错的购物场所，清新的小溪、永远都有水的喷泉和在水中穿梭的小孩子，让人非常放松，还有最让女生喜欢的Nordstrom。鉴于后来又去过旧金山的一家，我还是觉得盐湖城的Nordstrom最好了。一层几乎全是化妆品，又赶上店庆，买了不少东西。而且这里比加州的税要低差不多两个百分点，所以在盐湖城购物太划算了。怀孕的中国导购姐姐，Jo Malone的日本混血姐姐，还有那个被大家嗤之以鼻但是我确实挺感兴趣的非常娘、化着妆的黑人导购……不知道以后还有没有机会见到他们了。

7月18日

在Gateway,盐湖城又一购物地。第一次去美国的电影院，3D IMAX 的蜘蛛侠票价不到10刀……虽然有的地方听不懂，但是效果真是太棒了！感觉在美国看电影的效果比国内好多了，关键是比较便宜。盐湖城这家电影院的环境也非常好，内部有一些关于太空的科普知识展；非常有趣。

7月21日

去了期盼已久的奥特莱斯，三个小时完全不够逛，男生都像女生一样疯狂购物，什么都想买，主要就是比国内便宜啊。许多东西比国内便宜很多，这样购物真是相当开心啊！当我买了四双鞋的时候就忍不住一直想笑，一直笑啊，哈哈哈！然后还诞生了一位Coach Queen 和 Coach King 。总之，花不是自己的钱就是开心啊！

7月22日

我们蹭车去了大盐湖。道路从湖水中间穿过，水和天连在一起，隐隐的臭味也无损大盐湖的壮观。据说最早来到这里拓荒的人们，见到了这片大湖，以为是终于寻找到了大海，于是定居下来。最幸运的是我们看到了野牛，还遇到它们过马路，野牛就从车前走过，很幸运。这种和野生动物亲密接触的机会在国内 也不多吧。

接下来，我们还去看过先驱日游行、去高盛和州政府参观、逛街N次。

当然还有每天都要好好学习啦！最逗的就是Edward老师啦，活泼的要死，上课手舞足蹈，还会尖叫。明明已经很瘦了还要减肥，健怡可乐不离手，一节课喝四听。人很好，让我们逃课去看游行。Edward，你一定会幸福的！

总之，在盐湖城的一个月，生活和学习都非常愉快。

除了太晒以外，盐湖城是这次美西之行我最喜欢的城市。作为一个州的首府，该有的都有；作为一个大城市，却没有那种喧嚣混乱的气氛。这是一个令人下次还想来的地方。

好运，盐湖城！

（作者：修天竹 经济学院 2010 本科生）

盐湖城印象

一、初印象

我们是7月7日到的盐湖城（回来的时候正好也是过了农历的七月初七，嘿嘿，合着我们两个七夕都在异国他乡怀着对祖国对亲人加倍的思念在孤独中度过的……），盐湖城夏季的白天像烤炉一样，但它的干净漂亮是纽约、洛杉矶等大城市无法比拟的，第一个月在这个据说是世界上最美城市之一的城市学习期间，除了美国的地广人稀并没有感受到它的特别，但自从第二个月周游了很多著名的美国大小城市之后，我们开始强烈地怀念盐湖城的干净美丽及那里热情的人们。这次旅行，我感觉盐湖城以及美国与国内最大的区别有以下这么几点：

日照时间长（14个小时），晚上八九点钟的时候天依然是亮的，九点半左右天才黑；网速超级快；电压低水，总是烧不开；所有的食物都是凉的，温差很大；空气超级好，晚上看月亮很亮很清晰；楼房都不高但很漂亮、很洋气；室内空间很大；美国人极少说"I'm sorry"，更多的是说"Excuse me"。

在机场以及学习的一个月内，感觉与当地人语言交流基本没什么障碍，一切都能自己搞定。

从日本飞美国的跨越太平洋的大鸟非常棒，日本的空乘服务非常好，食物也不错。但美国境内的小飞机就没法比了，飞机很旧，噪声又大，一入境就见识到了老美的热情，但飞机上的空嫂服务真的很一般。

在日本机场短短几个小时的候机中我就感受到了日本的高物价。我对日本人依然没有什么好印象，虽然空姐都很漂亮，但她们职业性的微笑一点都不可爱，而且还显得有点假。

在美国没有汽车真的是寸步难行，但是车辆普及又带来了肥胖、污染等一系列社会问题，路上车不多，很空旷，终于感觉到了老美真的是稀有动物。

美国的大胖子真的很多，记得到盐湖城的第一天，侯先生带我们去史密斯超市购物，看到一个超级大胖子，是个女孩，竟然坐着车逛超市，难怪会那么胖。

在美国做什么都靠自觉，他们都很看重信用。例如在盐湖城坐Trax，车上并没有人监管，但是一旦被巡逻的警察逮到逃票，一次就能罚150多美元。由于我们有犹他学生卡，所以在盐湖城坐公交和Trax都是免费的，但上下车都要刷卡。

另外一个很特殊的现象就是汽车会给行人让路，每次我们在没有红绿灯的地方要穿越马路的时候，两边的汽车都会远远地停下来，等行人穿过后再继续行驶。当地人的文明程度非常高。而且，盐湖城是全美治安最好的城市。

二、生活

超市里的牛奶和鸡蛋很便宜。一大桶牛奶才2点几美元，一盒鸡蛋(18枚)才要1点几美元。但日常用具很贵，如一把铁质餐叉合人民币不到30块。

还有到了美国，你一定要习惯算当地的税率和给小费。因为在美国几乎买什么都要税，超市货物架上标的价格并不是货品最终的价格，结账的时候还要加上当地的消费税。吃饭也是一样要交税的，并且在餐厅里吃的话，要记得给小费，也有在结账时把小费算进账单的情况。各个州的税点都不一样。也有个别的情况，如我们在纽约买衣服和鞋子是免税的，而在有些地方，买食品是不要交税的。

盐湖城这边基本上是从八点多到下午一点算作一上午，这期间当地的人们并不吃午饭，即使过了下午一点多，他们最多是吃一点点食物就对付过去了，正餐是在晚上。

第一天上课很多同学都说昨晚没睡好，下了课回到宿舍都昏昏欲睡，唯独我精神头十足地在这儿写日志，看来我的适应能力还是可以的，时差一倒就过来了，并且身体机能也恢复到从前了（主要是胃和排毒方面，由于所有的食物和水、牛奶都是凉的，所以吃的胃很不舒服，前两天一直在拉稀）。后来想想，当时前半个月我的眼睛都是红的，像兔子一样，其实还是没有完全把时差倒过来，最主要的原因是盐湖城白天时间特别长，给人一种错觉，本来是该睡觉的时候我们还以为不是太晚，所以每天都到了很晚才睡，有好几次都熬到了凌晨两三点钟。

老美见到中国人会经常盯着我们看，很多时候我不知道自己的行为是否得体。在中国，我一直以为自己属于素质比较高的人了，言行举止都很注意，但在美国，你总是感觉自己的行为很怪异才会引起别人的注意，可能时间长了就能融入这个社会了吧。现在想想当地居民之所以对我们好奇，难道是因为他们很少能一次见到这么多人？不过有一点，你一定要自信，说话要自信，声音要大，哪怕盲目自信都是好的，这样他们才会对你友善。

可能是因为发音不准确的缘故，很多时候他们听不懂我们讲的话，但是不要气馁，不要对自己产生怀疑，只要换一种方式与他们进行沟通，总是能够达到交流的目的的。

上课前一天的下午去逛史密斯超市，在路上遇到一个来自伊拉克的美女带着一个小男孩，一开始是问路，后来聊起天来，她说她老公马上要到中国做生意了，他们在盐湖城待了九个月的时间。后来她知道我们都是研究生时非常惊讶，说我们长得太年轻了。其实我们可能和她的年龄差不多，但确实我们看上去要小很多，这都得益于中国健康美味的饮食习惯啊，好怀念炸酱面啊，原来在中国随便一顿饭都是美味。

三、学习

7月9号我们开始上第一门课，Stephen教授是经济学院的院长，他先就介绍了犹他州的概况，包括地理和经济，这有助于我们了解盐湖城这个城市的历史及经济发展状况。

老美的发音不是最标准的那种，很随意的发音，但并没有导致我们的听力障碍，能跟他们学习很多发音的技巧，有时候嘴形要大，元音发音要饱满，可以拖长音调，一个单词或词组可以不连续而是断开说，只要表达清楚就行。上课时最后一个模型老师自己都转晕了，所以几乎所有的学生都没有听懂。后来我想应该是很简单的一个模型。

美国的教授做事和做学问都很严谨。其中有一个教授在犹他大学主要讲授统计学课程，由于上课时我发现他用的一款统计软件非常强大，要求他给我多讲解一些关于这款软件的知识，后来知道这是一款开放式的统计软件，叫R。当时他正在给本地学生讲授R的课程，所以他邀请我们去他的课堂上听课，中间的联系都是通过E-mail。因为他需要给我们先发一个文件，为了确保我们能收到文件，他先发个确认邮件，等我们回复后，才正式给我们发文件。虽然是一件小事情，却也体现了美国教授做事严谨的态度。

美国教授喜欢有问题的学生。美国人认为老师讲授完毕后，学生提出自己的问题是对老师的一种尊重。相反，如果一个教授讲完课没人提问，他会有挫败感，认为自己没讲明白。

犹他大学的图书馆条件也相当好，供学生查阅资料的电脑全是苹果机，还有供学生讨论用的小房间。从教室到图书馆全都铺着地毯。图书馆里有一层整个都是用于展览这个城市建设先驱规划、设计这座城市的图案日志，重要建筑的建筑图、开拓者的介绍、绘图册等，让你感受到他们对学校、对这个城市历史的重视。这一点我认为很值得我们学习。

后来Beck女士带我们在校园里参观，见到了在《歌舞青春》电影里看到的那种练舞房和排球馆，里面全是个子高高、身材很好的女孩、男孩。美国人的工作场所与居住的场所相比要狭窄很多，不过这确实与他们的生活理念一致：工作就是工作，休闲娱乐就是休闲娱乐，二者分得很清楚，所以他们工作的时候很少会三心二意的，很有敬业精神。

在我们住的地方附近，有一个学生活动中心，叫做Heritage Center,在一层有免费的台球可以打，往里走，还有小型的手动足球机，免费上网的电脑。旁边是很大很软的一圈沙发，对面是大的液晶电视机，可供学生在此讨论、看电视及打游戏，整个大厅放着我们都很熟悉的西方当红男女歌手的流行音乐，真是一种享受。在我们住的学生公寓里，也有可以讨论学习的开放式沙发区和电视。当地的学生都很喜欢在那儿聊天玩游戏。

四、旅游

我们是出发前就报好的旅行团，是通过郑宇老师推荐的一个美国旅游公司的代理报的。

我们游玩的路线是先从盐湖城飞到洛杉矶，把西海岸的著名景点玩完后再飞到纽约，进行东海岸的游玩。主要景点包括：洛杉矶的环球影城、迪士尼；圣地亚哥的海洋世界；拉斯维加斯的夜景及表演；去往拉斯维加斯途中的巧克力工厂（m&m）和仙人掌公园；旧金山的金门大桥、渔人码头、圣母玛利亚大教堂、双子峰、同性恋街区等；纽约的华尔街、温莎夫人蜡像馆、第五大道、时代广场、大都会博物馆、自由女神像、帝国大厦等；费城的独立钟和自由宫；华盛顿的航空航天博物馆、林肯纪念堂、五角大楼、国会大厦等；波士顿的哈佛大学、麻省理工学院、休闲广场等；还有非常著名的尼亚加拉大瀑布和科罗拉多大峡谷。

到了洛杉矶和纽约，你会发现这儿的中国人真的很多，无论去哪儿都能遇到中国人。其中广东人、香港人居多，但都会讲普通话，并且是自学的，甚是佩服。而在盐湖城，你会意识到自己真的是出国了，因为这里百分之八九十的居民都是白人（摩门教比较排斥有色人种）。洛杉矶真的很脏，马路边上到处都有垃圾，这在盐湖城是不可能发生的。纽约的闷热也很是让人受不了，尤其是在我们住的法拉盛华人区，人多得要命，每天都很潮热，洗完澡也不会感觉清爽多少。

五、结束语

旅美行程虽然结束了，但精神上的收获是巨大的。李老师说前几届的学生回国后都得了相思病，当时没有什么感触，但现在想来，盐湖城，这个美丽的美国中西部城市，确实深深地刻在了我的心里。

（作者：夏晓雪 劳动经济学院 2011 级研究生）

犹他印象

时光荏苒，回国已两周。在犹他时，师兄说让我珍惜在那儿的时光，回国后会分外想念的，当时不觉得，现在已有切身感触。忆当初，每天都有蓝的不像话的蓝天，堆砌成白雪般的云朵，郁郁葱葱的植被，沁人心脾的新鲜空气，精巧别致的美式建筑，说话逗乐的老师，不同文化风情的交融……这些都在我的脑海里不时浮现，温暖了我的回忆，为我的青春画上了浓墨重彩的一笔。现记下一些回忆，希望能让以后的学弟学妹们作为参考，同时也是整理自己的一段人生经历。

一、前期准备篇

回想自己当初在准备出国阶段，最关心的莫过于需要准备的东西了。需要准备的材料比较烦琐，而且时间有些仓促，所以人人都担心自己的材料准备不全，影响出国大计。简单来说，需要办的手续分为两步，一为护照，一为签证。

先说护照。护照是一个国家的公民出入本国国境和到国外旅行或居留时，由本国发给的一种证明该公民国籍和身份的合法证件。护照需要自己办理，学校是不管统一办理的，这个不难。因为我是京外生源，所以手续是先从学校的保卫科户籍管理处借出自己的户口页，然后带上户口页和身份证到出入境管理中心去办理即可。大体需要带250元钱，约两周可以拿到护照。具体程序请百度之，可以找到十分详细且靠谱的回答。

再说签证。大多数的签证，是在一个人所持的护照或旅行证件上签注（盖章），或贴上一张标签，盖章或标签带有清晰的说明文字，指明持有人进入该国的事由、允许停留的时间，或通过其领土前往其他国家的许可。签证制度是国家主权的象征，是一个国家对于其他国家的公民入境实施控制和管理的具体表现。签证要去美国大使馆办理，这个学校会统一安排，告诉你需要准备的材料，协调好时间统一去办签证。那些要准备的材料，不一定所有都有用，要看签证官的态度和喜好，但若准备不全自己容易心里没底，所以只能说越全越保险。

还有一个问题当时让我纠结许久，护照和签证都办好了，出国还需要准备哪些东西能保障在美国的基本生活。现在我来总结下自己的经验和教训。

吃：请多带几盒方便面，多带几袋榨菜。你没有看错！在国外，如果自己做饭水平一般或懒得自己做，时间长了会发现，最好吃的就是方便面和榨菜。方便面作为面类主食比总是吃面包要好受多了，榨菜作为一种有咸味的菜也被我们追捧不已。但听说也有点风险，比如边检时要求不能携带肉类，所以方便面酱料里的肉算不算，这种情况不能完全说死，但带五六盒应该没问题。其实也不用特别担心，因为那边也有中国超市，可以到了再买一些。

穿：如果你想多买点穿的，请一定少带衣服，带两三套就行。最好带件长袖和长裤，一个是长时间坐飞机时会派上大用场，温暖一路；二是盐湖城早晚比较凉，穿长袖一点问题没有；三是犹他大学上课的教室空调开得比较足，所以有些冷，带上长袖去上课会感觉很幸福。但也没必要带太多，因为犹他的购物中心离学校不远，坐Trax（那边的轻轨都叫这个名字）可以直达，很多衣服都比国内便宜多了，可以适量购物。Tips：最好带上睡衣。早晚凉，怕冷的女生可以带长袖长裤睡衣。

住：这个是最不用担心的。因为住的是2002年冬季奥运会运动员住的奥运村，所以住宿条件很好。4个人一个宿舍，每人都有单独的卧室，4人共享客厅和厨房，有空调，客厅里有沙发，厨房里有燃气灶和冰箱，锅碗瓢盆可以到那儿再说，当地老师会借给我们用一些，自己也可以买，但不用自己从国内带。每个宿舍里有两个洗手间和浴室。整体来说就是空间大，且宽敞明亮，住着很舒心。Tips:卧室有床铺和毛毯，床单有两床，可以把脏的床单放到公寓楼的固定位置，同时免费领取干净的。不是特别特别怕冷的不必自带被子。但强烈推荐带被罩，因为毛毯很扎人，真的很扎。

行：这个也不用担心。犹他大学会尽快在交流生到的几天内为大家办理学生卡（简称U Card），有了这个卡，坐公交车和Trax都是免费的，而我们要去的大部分地方都可以坐公交车或Trax直达，很爽。

用：笔记本电脑是要带的，否则空余时间会很空虚。校园内到处是WIFI，不用带网线，上网很方便，用那个UGuest的信号上网就行，只是有时信号不太稳定。要带转换器，看清楚要买美标的，因为国内的插座插孔和美国的不太一样，3个左右就OK，可以去京东或淘宝上买，20多块钱一个吧。不用刻意买带变压功能的转换器，记得当时买不到带变压功能的转换器，为这事儿纠结坏了。对了，有特别爱喝热水的可以从国内带一个热水器，因为美国人民基本不喝热水，所以不自己煮水的话想搞到能喝的热水很不容易。当时我们宿舍一小姑娘从国内万里迢迢带了个热水器来，拯救了我们一屋子人，感谢，致意！

二、犹他学习生活篇

在犹他大学的一个月是在美国生活最平静安逸的一个月，但酸甜苦辣也是样样俱全。

　　初至犹他，什么都是新的，新环境新朋友甚至新人种新语言，这需要个适应的过程。时差是必须要倒的，因为盐湖城与北京相差14个小时（为更明白，举个例子，当北京时间为7月7号上午12：00时，盐湖城时间为7月6号晚上8：00），一路长时间的坐飞机也睡不好觉。不想回忆当时要死要活的难受状态了，感觉好几天没睡觉似的。据说最快最好的倒时差方法就是再困也先别睡，一直撑到当地需要睡的时候再睡，然后尽量与当地人正常作息就可以了，快的话两三天可以调整过来，慢的话一星期左右吧。

　　毕竟我们还是作为交流生去交流学习的，上课还是在犹他大学的主旋律。课程为时4个星期，和国内一样，周一到周五上课，周六周日休息，但每天的上课时间和国内很不一样，上午9：00到下午1：30左右。宿舍离上课的地方有点远，我们基本每天坐Shuttle（学校校内班车，免费乘坐，站点离宿舍很近）去上课，约一刻钟能到。每周一个老师教授一门课，分别是国际贸易、美国工业化、美国经济史、能源经济学。每门课的老师都有自己的上课风格和特点，最有激情的当数美国工业化课的老师Edward，听他的课只看他的肢体动作也不会让你犯困。基本上每门课的上课规律是，每周第一天只讲课不考试，第二天开始，每天上课之前会有个小测验，考查前一天的学习内容。只要每天尽量认真听课，课下再看一下老师布置的阅读材料，通过测验是没有问题的，老师一般不为难学生。

　　学习之余，每天最大的担心就是吃饭，虽有厨房，但基本每天都处于为吃喝发愁的状态，担心吃了这顿没下顿，常常是凑合着就是一顿了。原因主要是以下几点：一、会做饭愿做饭的人少。那句话怎么说来着，出国比新东方更能培养厨子。没错儿，只要你不想饿死，就得学会自己做饭，也不用做的特别好吃，能吃得下去就行。有人说，不是有食堂和餐厅吗？事实是，食堂也不便宜，平均每顿饭每人8刀左右，不舍得老吃，而且因为都是西餐，所以连吃两顿就不想吃了。餐厅自然也是以西餐为主，就我本人而言，待了快俩月也没能适应西餐，甚至处于一直想念中餐的状态。二、去超市购物没办法一次买太多东西，虽有 Trax，但还是得走一段，太沉了。因为基本都是在中午上完课去买东西，去太晚超市就关门了，当时阳光很强烈（盐湖城日晒很足，基本每天早上6点多太阳升起，晚上9：30左右太阳才落下），在烈日下拎着那些沉甸甸的东西奔走前行不易啊。那些油盐酱醋奶就够沉的了，何况再加上水果和蔬菜这些占重的东西，到宿舍都累趴下了，也没人有精力再去做饭。但也不必太担心，车到山前必有路，总能活下去的。

　　当地有个李老师和侯老师（可亲切呼之为侯哥），是接应首经贸去犹他大学交流的接应人。他们人都很好，也很热情，有什么问题可以尽管问他们。老师们一般选一个周末开车带大家去一趟奥特莱斯（Outlets）购物，因为奥特莱斯比较远，没有很方便的公交或Trax，出租车很贵，所以跟老师去是比较合适的。另外一般会再选某天去州政府参观，某天去高盛公司（侯哥很牛，是高盛公司的员工）参观。其余的时间基本可以自由安排。

女生天生爱逛街和购物，在盐湖城交流的女生更不例外。业余时间很多都耗在这个上头了。在购物中心附近还可以看电影，好莱坞大片一般会比国内早上映，可以先睹为快。具体的不多说了，到那儿了老师也会告诉你，大家自己转转就熟了。

另外，因为盐湖城的居民40%都是摩门教信徒，去之前可以先了解一下摩门教的情况。现在的摩门教徒都是比较善良热情的，所以盐湖城的治安在美国也是最好的，这点可以放心。

感想还有很多，比如几个人自驾游去黄石公园的经历，同行同学们热情的关怀和真诚的情谊等。这里只简单介绍了些对后来人比较实用的东西，其他的就不一一展开了。那段美好的回忆在我的心中刻下了深深的烙印，异国他乡的生活丰富了我的人生阅历，更让我收获了珍贵的友情。去前期待，当时珍惜，事后回味。趁年轻，一定要大胆地选择自己想要的生活！

（作者：刘影 法学院 2010 级研究生）

游学有感

　　一个月的犹他大学学习，短暂却很愉快，此次交流经历让我看到了许多异国风情，体会到不同国家下的文化差异，当然也学习到了很多东西，不仅仅是专业知识，还有做人做事、独立生活等方面。这些对于我们以后的工作、生活都会十分有帮助。

　　我们7月7日从北京出发，中间经过两次转机才最终到达犹他州盐湖城。第一次乘坐国际航班，实在没有经验，原来飞机上那么冷，以后一定要记得带件外套。在日本飞往洛杉矶的飞机上一直睡不着，眼看着自己飞过了日期变更线，和家人开始过不同的时间，不同的昼夜，不同的日期，这一刻突然特别想家，其实才刚刚离开祖国而已。

　　到达盐湖城的时候，那里正是黄昏，初看这个城市，感觉像是一幅画。街道十分整洁，路旁的房屋各具特色，每一座房屋前都是绿绿的草坪，周围十分安静，没有那种城市的喧嚣，更像是淳朴的小镇。

　　初到这里，老师先带领大家去超市买生活必需品，这时我发现，在美国，牛奶和冰淇淋的价格远远低于国内。这里特别值得一提的是盐湖城的樱桃，味道真是一绝，而且价格也十分合理，之后才知道，原来盐湖城的特产之一就是樱桃，所以，如果有机会再去盐湖城，一定要再多尝尝这里的樱桃。

　　在超市做简单的停留之后，我们来到犹他大学，因为已是晚上，所以本就安静的学校显得更加清幽，还有到处都是郁郁葱葱的树木，可能是刚到有些不习惯，让我有点害怕晚上一个人在学校里行走。进入宿舍后，之前的害怕就一扫而光了。我们入住的是2002年盐湖城冬奥会的奥运村，四个人一个套间，每人一个自己的房间，有两个卫生间，每个卫生间有一个浴室，还有一个客厅，一个厨房。住宿条件真的很好，温度适宜，只是深夜稍稍有些偏凉。

　　在休息了一天之后，生活开始步入正轨，课程有四门，一周一门。上课的地点与住宿地点步行大约要15分钟，也算有一定距离，所以通常情况下，大家都会乘坐校车去教学楼。校车是免费的，用不同颜色来标明不同线路，经过一段时间摸索之后，我们发现早上去教学楼的时候乘坐红色线路会比较快，下课后回到宿舍的时候乘坐蓝色线路会比较快。还有橙色线路的校车，这个比较遗憾，我们没有乘坐过。在这里，校车基本上都会准时到达每一个站点，如果不想迟到的话，那么每天早上一定要赶上8点30分的校车，否则就很有可能要迟到了。

每周一到周五，早上九点开始上课，到下午一点结束，课间的时候还有好吃的饼干、咖啡、茶水，这样的上课感觉与国内有很大的不同。不论是哪位老师，他们都是比较喜欢提问的学生，也很喜欢和学生一起讨论美国与中国许多方面的差异，我个人觉得老师似乎是不太愿意过多地谈论两国的政治，不管是政治体制还是时事政治，涉及政治的内容，老师们似乎都喜欢一下带过，不想深究，也不太想发表他们的个人看法。

第一周的上课内容是国际贸易。第一天来到教学楼，Stephen教授早已在门口迎接大家，这样的做法让我们觉得他是位十分亲切的老师，而且教授还与大家合影。之后来到教室，令我有些吃惊。其实我们上课的教室并不是普通意义上的教室，而是一个小型的图书馆。可能这是犹他大学所特别准备的，里面有两大张桌子，同学们分坐在桌子两边，这样的感觉更像是学术讨论或开会，少了一些上课的紧张气氛。桌子上很整齐地摆放着我们上课所需要的资料和文具。大家坐好之后，犹他大学的老师给我们开了一个简单的欢迎仪式，还为大家准备了一些零食，例如甜甜圈（这个只有第一天才有，之后的日子，会给大家提供饼干）。之后，由Stephen教授上课。课前，教授让我们进行自我介绍，一定要说明自己的专业，他希望了解有多少学生是有经济学基础的，然后开始讲解内容。教授比较注重介绍一些基本概念以及经济模型，课上内容比较多，需要记好笔记，特别是图表，这些对于第二天的测验也有帮助。如果有一定的经济学基础，学习效果可能会更好一些。由于英文能力有限，而且又没经济学基础，所以我学起来有些吃力。如果能看懂图表，即使没有全部听懂老师在讲什么，也可以了解个大概。教授喜欢当时就问大家有没有听懂，如果不明白，可以及时发问，他会耐心地再重新讲解。在去犹他大学前，老师就已经将课件发给我们了，如果有时间，提前预习是非常必要的。教授讲的很多东西都是他发给我们的论文，阅读量很大，特别是对于中国学生，全部英文，好几十页的资料要想在一天内完成基本不可能，所以当我们已经开始上课而又没预习的时候就很后悔。教授会进行五次小测验，当天讲完课就直接测验当天的内容，只有第二天上课的时候会测验两次，开始前考前一天的，讲完课后考当天的，剩下三天每天一次。教授会认真批改大家的试卷，然后给出分数，最后一次会给出本门课程的分数。

第二周讲体育产业经济学，Stephen F. Maisch老师的名字和Stephen教授的名字很像。他的思维比较发散，课后需要自己总结课堂内容，系统性不是特别强。他比较喜欢使用PPT，还有数据分析软件。老师用的数据分析软件很神奇，可以清晰地看到数据的变化趋势，他很乐意向大家展示他的研究成果。上完我们的课之后，老师还有其他的课程，如果感兴趣，他也很乐意带大家去上课。这位老师特别爱与大家交流，课间时分，他喜欢和大家聊天，了解中国，讲述他小时候的趣事，还有美国学校对男生与女生教育的不同，男生要学习如何在野外生存，训练他们的胆量，而女生要学习如何做饼干这样的家务事。这门课程测验四次，老师平时的工作比较忙，所以这门课要结课之后老师才能把测验成绩发下来。Stephen老师很有责任感，因为晚发大家的小测验，他时常感觉非常抱歉。总之，这是一位兢兢业业的慈祥老师。

第三周讲当前经济问题。Edward老师是几位老师中最年轻的，也是最有激情的一位。他喜欢同学以小组为单位进行讨论，来共同复习课上内容，通过不断地重复帮助大家掌握课堂内容。Edward老师在讲课的时候，尽量不要做任何事情，专心听讲，他不太喜欢大家有各种小动作，如果他发现同学有不专心的时候，他会走过来以提示大家要认真听讲，不过，他不会让大家难堪，这一点放心。Edward老师的身材其实还是不错的，但是他一直说要减肥保持身材，所以在我们看见他的时候，他从来不吃一口东西，就是不停地喝健怡可乐，一个上午他基本上喝四听，还有课间的时候他会去抽烟，也许他能一直充满激情地上课和这些有关。这门课的测验是四次，最后一天就没有测验了。上课的时候，老师会提问，也会讨论答案，这些问题需要大家记住，第二天的测验基本上就是这些问题中的一个或两个。所以老师讲解的时候很重要。而且，这位老师的语速非常快，刚开始可能会十分不适应，需要集中精力。有时他的表情很夸张，有时他也会撒娇，是一位非常可爱的老师。

第四周讲美国经济史。Thomas老师喜欢罗列数据，用数据来讲解美国经济发展史，是一位很严谨的老师。他上课的时候，东西也摆放得很整齐，而且摆放位置也基本相同。四门功课的测验相比较而言，最后一周的美国经济史是偏难一些的。老师出的题目也是在考查前一天的课堂重点，只是比较灵活。题目要求也比较多，需要把前一天的笔记好好分析一下，上课的时候还是要注意听讲的，否则很难明白所记的要点具体是什么意思，如果能够结合个人观点进行论述，老师给的分数会高一些。最后一周的成绩在大家离开犹他大学的时候可能无法公布给大家，要等到回来以后才会有结果。

总之，在课程安排上，一个月的时间还是相当紧凑的。如果在去犹他大学之前就已经进行了预习，那么学习效果会更理想一些。老师之前发的课件里面有很多的论文，这些文章的阅读量很大，提前看过才更好。现在很后悔之前没有预习，当老师上课提到某篇论文中的内容时完全不懂，这严重影响了听课质量。

在最后一节课结束以后，犹他大学还为大家准备了一个小聚会，有很多好吃的，还有为大家准备的礼物，会场就设在教室，我们下课以后，老师们自己动手来布置教室，等我们再回去教室的时候发现大变样了，整个聚会气氛十分融洽，老师和大家亲切合影，临别时，我们对这里还真有些舍不得，的确是美好的一个月。

当然，在盐湖城的一个月里，除了上课之外，我们还有很多课余时间，下午一点结束课程之后，剩下的时间都是自己的，我们可以自行安排。盐湖城对学生有特别照顾，有学生卡的学生乘坐公交、轻轨全部是免费的。犹他大学也为我们办理了学生卡，所以大家出门的时候也可以免费乘坐交通工具，这是非常方便的，否则每次出行所要花费的费用也会比较可观。在盐湖城有很多购物区，Gate Way比较适合买男装，很多男同学在这里买了西装。另外，在这里还有电影院，有空的时候可以来看电影，3D和IMAX是普遍比较受大家欢迎的。City Creek女生会喜欢一些，这里有化妆品、女装、眼镜、包，总之各种女生喜欢的东西。还有一个地方Tjmxx，这里有很多东西是名牌打折扣，会淘的女生一定喜欢这里。说了这么多购物的地方，有一个地方不可忽略——超市。史密斯超市是离学校最近、最方便的超市，平时我们生活中要用到的东西在这里基本都可以买到。从学校坐城铁可以直达这里，犹他大学的很多学生都是在这里购物。Costco也是一个大型超市，超市实行会员制，老师那里有一张会员卡，可以借给大家使用，可以在这里买一些保养品，像维生素、深海鱼油，还有刮胡刀这样的电器，在这里买也比较划算，如果有带烟回国的同学，也可以在这里买烟，美国的法律要求必须到21岁才可以买烟、买酒，所以护照到时要准备好，当然如果没到21周岁就不要尝试了，美国人真的很守法，他们不会卖给未成年人的。

以上这些地方，我们平时下了课以后就可以去，周末还可以安排去一下其他地方。在盐湖城我们一共停留四周，第四周的周末需要离开盐湖城，所以我们有三个周末都是在度过。第一个周末只是休息了一下，没有去什么特别的地方。第二个周末我们一行10个人去了著名的黄石公园。黄石公园并非全年开放，只有在夏天的时候这里才对外开放，冬天都是关闭的，所以能赶在这个时候来盐湖城也是非常幸运的。美国有一些著名的国家公园，黄石算是其中的重要代表。黄石国家公园（Yellowstone National Park）简称黄石公园，是世界第一座国家公园，成立于1872年。黄石公园位于美国中西部怀俄明州的西北角，并向西北方向延伸到爱达荷州和蒙大拿州，面积达8 956平方公里。这片地区原本是印第安人的圣地，但因美国探险家路易斯与克拉克的发掘而成为世界上最早的国家公园。它在1978年被列为世界自然遗产。这里自然景观丰富多样，有峡谷、瀑布、湖泊、间歇泉和温泉。这里还有丰富的野生动物，如灰熊、狼、麋鹿和野牛等。我们这次去，还比较幸运，看到了黑熊和棕熊，还有野牛、麋鹿、蛇，只是有点可惜，没有看到狼。这里的动物生活得真惬意、安静。还有温泉，有的温泉口，热水不断翻涌上来，还冒着热气，甚至发出响声。水的颜色是宝石蓝，特别清澈。在火山口会闻到刺鼻的硫化物的味道。有的石头经过多年的冲刷，形成了与钟乳石相似的模样，十分特别。让我记忆特别深刻的是黄石的瀑布，飞流直下三千尺的感觉确实让人震撼。听着流水冲向谷底的声音，看着雾气在阳光下形成的彩虹，所有的烦恼一下子就消失了，这就是大自然的魅力，大自然的神奇！第二天，我们还去了大提顿国家公园，这里主要是湖泊，远远望去，云水相接，一切就像是从画中出来的一样，的确是休闲、旅游的好地方。建议以后有机会来犹他大学的同学，一定要抽时间去一下黄石公园和大提顿公园。各种旅游方案，还是首推自己租车，这是最经济、性价比最高的方法。

第三个周末，老师特别安排带领大家去奥特莱斯。基本上又到了购物的时候，建议大家先做些功课，这里真的很大，如果提前没有计划，那么很可能你需要买的东西就没时间买了。想买Coach的同学，建议还是在这里买，犹他的税是比较低的，在美国这个不能退税的地方，税低还是很重要的。

在犹他大学还有两位老师很重要，一位是李老师，一位是侯老师。两位老师从第一天大家来到盐湖城就在为各种琐事忙着。从开始的接机，到后来为大家安排起居，及时为同学们解答各种生活问题，到最后还要为大家送机。各种细小的事情，我们都会向两位老师请教，老师总是很耐心地为大家服务着。其间，为了让我们开阔眼界，老师们还联系了高胜投资银行和州政府，组织大家去参观，一方面为想在美国找工作的同学打开了一条通道，另一方面也可以帮我们更好地了解犹他州的历史。所以，能够在犹他大学度过充实与快乐的一个月，这两位老师功不可没。

当我们在8月4号乘坐飞机离开盐湖城之后，这一个月的暑期交流就暂告一个段落了。接下来，每位同学都根据自己的想法开始了美国的游览之旅。之后的20天，我去了洛杉矶、拉斯维加斯、旧金山、纽约、费城、华盛顿、波士顿，游览了迪士尼、环球影城、海洋公园、南峡谷、纽约第五大道、洛克菲勒会议中心、帝国大厦、尼亚加拉瀑布，参观了哈佛、麻省理工等高等学府。

总之，将近两个月的时间，短暂而充实，我们体会到了美国丰富的文化，也感受到独在异国他乡对家的思念，体验了独立生活的艰辛。这次交流非常有意义，也很重要，希望以后还有机会进行这样的学习。

（作者：文静 马克思主义学院 2010 级本科生）

Salt Lake City，我在UU遇见你

　　提笔要写出这段经历，发现找不到一个合适的题目，最后终于将关键词锁定为"盐湖城"——Salt Lake City与"犹他大学"——UU（University of Utah）。之所以如此，是为了还原本真的感觉，并非拽英文，有了这样一个奇奇怪怪的题目。

　　7月7日的晚上，经过长途飞行到达了目的地盐湖城，李老师、侯老师在机场接到我们，送我们到史密斯超市，我和同行好友迅速配备厨房用料，买菜的时候找不到称重的地方，问了工作人员，终于找到了称，可是需要自己称，这个称也没有出标签贴价签的功能，最后才知道，美国的超市都是交钱时收银员称重并计算价钱的，之前称重也只是供顾客选择自己需要的重量的。美国买东西需要另加消费税，并且最终是不退的，犹他州的税是6.85%，还算比较低。犹他大学在山上，我们坐着车感觉弯弯绕绕到达了这四周生活的公寓，路途中看到山下盐湖城的夜景，看到学校里各种"小别墅"，安静的校园，干净的街道，旅途的疲倦早就抛在了脑后。公寓条件非常好，四个人一间，里面有厨房有客厅，四间卧室，两个卫生间两个洗手池，24小时热水但是不能饮用，凉水是可以直饮的，所以女生来这边还是带一个小的电烧水壶比较好。这样的条件对于没住到公主楼的我们，都感慨回国后的宿舍没法待了。

　　经过周日的休整，我完全没有了时差的感觉。盐湖城的天气非常干燥，中午很晒很热，但是晚上非常凉爽，可以睡个好觉。这里的天空非常美，白天的蓝纯净清澈，黄昏的夕阳染红天际，拿起相机，快门随便一按，都是怡人的美景。蓝天、白云、绿树、群山，身处这样优美的环境中，心情好舒畅。

　　周一就开始上课了，教室是像一个小会议室的样子，两张长桌，后面放着咖啡和茶，课间会有曲奇饼干，从早晨9点上到下午1点，所以课间的曲奇每次都成为同学们"争抢"的对象。第一周是国际贸易课，老师很学术，会留很多论文（Paper）让我们课下看，说每天课外需要6个小时来学习。材料都是英文的，还有很多模型什么的，看起来有些吃力，但是同学们估计没有保证6小时学习的，以后同学们可以在国内时先将老师给的课程资料看了。这四周的课都是从周二到周五，早晨会有小测验（Quiz），一般是两道问答题，基本都是前一天讲过的内容，所以记好笔记还是很重要的。第二周是能源经济学的课程，在国内的时候没有听过相关的课程，内容都很新鲜，教授也很和蔼可亲，他去过世界很多地方，

所以真的能从他身上看到"包容"两个字。国外的课堂和国内最大的不同应该就是老师会经常问有没有问题，同学也可以随时打断老师，即使只是一个词没听懂也没关系，老师很乐意为你解答，没有问题问的时候反而觉得很冷场。第三周的当代经济问题的老师异常活泼，用上蹿下跳来形容也不夸张，当然这不是贬义。他会发出特别开心的笑声，还会模仿动物的动作，十分可爱，讲课也像脱口秀一样，速度很快，但是还是很清晰。我们都觉得他身材已经很好、挺瘦了，可是他还是说自己要减肥，不吃东西，只喝健怡可乐，好奇怪哦，不吃饭喝可乐就能减肥吗，不吃饭他还要去游泳，不会头晕吗，哈哈。这个老师上课气氛很轻松，给分也都是A。中间碰巧赶上盐湖城摩门教的先驱日，全市放假，但是我们还要上课，Down Town有花车游行，老师还特意推迟了上课时间。游行很好看，各种各样的花车、乐队，形式很随意，可以扮卡通，可以骑小车，尤其是最开始的骑警表演，非常帅。我们到的时候街两边已经满满都是人了，并且都是有备而来，椅子、帐篷甚至床垫都有，我们猜想虔诚的教徒前一晚就来这儿驻扎占地盘了吧。上课的第一周还感觉比较漫长，之后的时光绝对可以用飞逝来形容。转眼间就到了第四周，美国经济史，老师很平和，小测验也会让我们三选一的做。总之，上了四周的课，我最大的感触就是我的英语水平太糟糕了，回国真的需要恶补提高一下。由于是暑期交流，很可惜没能够和世界各国的学生一起上课，也没有做传说中的现场演示（Presentation）。但这四周课程的意义远远大于课程本身。最后一天，犹他大学还特意为我们准备了丰盛的午餐，有各种水果、奶酪、三明治、饮料，还有一个大大的奶油蛋糕，每人还赠送了一个小篮子的纪念品，每个老师都来参加，只可惜国际贸易的老师据说出差在外地所以没有来。

美国的大学校园和国内不一样，没有明显的范围与界限，也没有气派的校门，犹他大学亦是如此，坐着Trax不知不觉就进入了学校。待了一个月，也没有弄清楚学校的布局，每天坐校车去上课，要真让走着去教室，恐怕我还真找不到。Trax的始发站就在学校，后来才发现后面几站都是在学校里。办了学生卡后，就可以免费乘坐Trax和公交车，免费去游泳、打球，还可以免费参观各种博物馆。我在最后一周去了离公寓很近的自然历史博物馆，新落成的博物馆环境很好，有许多美丽的矿石和恐龙化石，还是值得去转转的。不得不说学校的环境真的很好，各种风格的建筑，到处是可以随意踩踏的草坪，还有"四通八达"的校车。我们第一次坐Trax的时候还闹了个小笑话。Trax和国内的轻轨差不多，但是上下车需要按门上的按钮，不然门是不会开的，还好在我们要下车却站在门口不动等门自动开的时候，一个当地人帮我们按了按钮，不然直接被拉到下一站了。再说说公交，这里公交车发车间隔很长，提前可以上谷歌地图查一下路线，里面会有公交信息，但还是建议尽量坐Trax，更快捷些。有一次遇到一个坐轮椅的老太太要上公交车，司机弄出供轮椅上下的无障碍设施，其实就是一块钢板在门口，上车后，在指定的地方司机还将特制的安全扣扣在轮椅上。公交车和校车都是下车前要拉一下绕了车一周的一根绳子，这和国内也很不一样。公交车坐的人比较少，司机都会很耐心地对你的询问进行解答，并且车前面有一个伸缩的支架可以放自行车，Trax上自行车和轮椅也可以随意上下，十分方便。

　　接下来说说盐湖城。这是一个美丽的城市，是个非常适合户外运动和休养的地方。前面已经提到这里的环境有多么好，空气非常新鲜，并且听说过盐湖城多是因为它举办过冬季奥运会。这里的冬天据说雪很大，而且四周都是山，的确是个非常适宜开冬季奥运会的地方。奥运会的主会场便是犹他大学的体育场，很遗憾没能进去参观一下，走的那天去机场的路上才第一次从体育场另一个侧面经过，看到了里面的样子。学校里的宿舍据说就是当时的奥运村，有一排两层小别墅样子的房子，想必是给主要运动员住的吧，门口还有两把摇椅，晚上吹着小风，坐着摇椅，多么惬意啊。这个城市人不是很多，但是Down Town有各种超市和商场，接待的老师都会给我们说明，也足够满足日常所需。这里温差比较大，早晚很凉爽，中午很热很晒，室外温度比较高，室内空调都开得很大很凉，所以我们都是包里备着长袖的。虽然这里的商场数量和规模和北京没法比，但是买一些化妆品还是很划算的，尤其我们赶上一个商场店庆，有很多优惠套装，也有一些礼品装赠送。另外，去奥特莱斯购物也是男女老少皆宜的一大项活动，没有不满载而归的，此时只能悲叹自己的行李箱太小了！

　　盐湖城是摩门教总部所在地，入关的时候机场的工作人员看我去盐湖城就说起摩门教并问我信仰什么，我说没有，他很惊讶地重复着反问我，你难道没有信仰吗？摩门教徒不可以抽烟喝酒，甚至咖啡、茶都不可以饮用，并且在犹他州持枪是非法的，难怪之后去加州旅行的时候导游说，全美最安全的城市就是盐湖城了。去盐湖城一定要去圣殿广场(Temple Square)，这是盐湖城市中心一组属于摩门教总部的建筑群，不论是白天还是夜晚，这些建筑都散发着它们独特的魅力。在每周四的下午，圣殿广场里的摩门大会堂唱诗班会进行排练，这段时间是开放给大众的，可以进去参观。不知是信教还是人口比较少的原因，这里感觉生活节奏没那么快，人都特别友好，需要问路的时候大可随便找一个路人问，他会很乐意帮忙，不会匆匆忙忙的，也许还会亲自带你过去呢。在这里，随口的"谢谢""不用谢"一天不知道要说多少遍。这里的汽车都会礼让行人，车速再快的车，看到有过马路的行人都会刹车让行人先走，即使你是横穿马路。我们很不习惯，所以经常遇到汽车后停下，看我们不走，司机会示意让我们先过，我们这时才傻傻地赶紧跑过去。在国内，汽车和行人抢着过马路已经习惯了，所以在这里，每次我都怀着特别感激的心情看着司机，却不知道怎么表示自己的感谢。之所以能如此，我想，素质是一方面，能有如此礼让习惯的另一大因素必然是人口，中国包括美国一些大城市，人比较多，就无法做到这样，因为这会造成交通拥堵。所以人口众多这个重要国情必然造成我国的一些公共建设比好多国家要差一些。

负责接待我们的有来这里住了很多年的李老师，还有在高盛工作的侯老师。李老师常叫我们去他家做客，会做许多中餐给我们吃，还可以打牌、唱歌，大家每次都玩得很高兴。侯老师会带我们去高盛参观，学经济的同学想必都听说过这个世界闻名的投行，有幸来这里参观也是此行的一大收获。公司的环境真的非常不错，休息室里有各式各样的咖啡和茶，落地的玻璃窗看向外面，风景也很不错。这里上班的人一个个西装笔挺，所以来参观的我们也要"入乡随俗"，要穿正装，女生还好说，穿裙子之类的别穿运动鞋、牛仔裤就行，男生就需要穿衬衫西裤皮鞋了，可以从国内带，也可以在这边买，价格也不贵，只是有个准备就好。

来到异国他乡，不同的饮食习惯印证了网上那句流传已久的话："出了国才发现来这儿不是学英语的，是来学做饭的。"学英语当然也是一定要学的，盐湖城没有中国城，也没有太多的中国人，所以还是很锻炼口语的，来到这里就知道了"词到用时方恨少"，背单词的确是王道，基本的词语都不会的时候，更别提表达一个完整的意思了。话说有人的地方就会有中国人，并且中国的饮食文化博大精深，所以这里也有中国超市，东西也比较齐全，但来的时候想必大家行李不多，可以适当带些做饭要用的调料以及榨菜之类，西餐和各种很甜的东西吃久了还是会腻的，而且宿舍同学们一起做饭，每个人做自己的拿手菜，也是不错的一种体验。对了，我们在这边通常会吃土豆，但是要解决土豆皮的问题，大家还是从国内带削皮工具来吧。

结束了为期四周的交流学习，说到离开真的是恋恋不舍，不知道还有没有机会再来到盐湖城，来到犹他大学。这一个月的经历带给我的远不止学习课程、学习英语那么简单，更是让我开阔了眼界，看到了"外面的世界"，感受到了异国的社会、宗教、文化，这些印在脑海里、刻在心里的记忆与感受，将是一笔巨大的财富。

（作者：岳婉星 经济学院 2012 级研究生）

美国假期游感受

2012年7月8日我们一行20人从北京来到万里之外的美国犹他州盐湖城犹他大学，经过近两天的倒机和飞行，我们都已经疲惫不堪（坐飞机强烈建议带一个那种环形的头枕，没有实在太煎熬了，最后我们几乎人手一个，在美国买大概最便宜12刀左右），到学校宿舍已是当地时间晚上10点多。

我们的宿舍是坐落在山脚下的三层欧式小楼，四室两厅两卫（可以洗澡的卫生间），全天24小时的热水供应。这么"高配置"的宿舍让我们激动不已，我们带着激动的心情睡去，准备迎接第二天的课程。

第二天我们就开始了每天9：00到13：00的课程，盐湖城实行了夏令时制，这时的9：00相当于之前的8：00。

周一到周五上课需要注意一些事：教室空调比较冷，最好带一件薄的长袖衫（在飞机上也能用到）；每天都有小测验，所以好好听（板书和课件最好把重点记下来，一般都考那上的），写的不好真给C；宿舍离教室比较远，每天早上上课都要坐校车（蓝线和红线），注意把握好时间，最好别迟到；我们每周五最后一节课都当周任课老师合影留念，所以每周五最好带上照相机。

平时的吃饭问题比较头痛，宿舍有燃气灶，有烤箱，还有冰箱，可以自己做饭吃，也有当地华人借来的锅，但那个锅非常"粘"，建议买一个小的不粘锅，还可以带回国。吃的东西一般在史密斯超市买（喝的饮料大多不好喝，我感觉凡是带樱桃味的都慎重选择，但是美国大樱桃和蓝莓、提子实在太赞了），几乎应有尽有，最好买些铝箔纸，烤箱用（注：买的米一定一定要好好淘洗）；还有东南超市，里面有中国的食品，面条、饺子（山东水饺不错），东南超市在学校里坐9路直达，很方便（坐Trax要走6个街区）；还有在学校里也有吃的，大多10刀左右一顿（推荐：西门有个小吧，里面吃的东西不错）。

周末，一定要去Gateway的电影院看一场3D IMAX的电影，一定不要错过，效果比任何国内的电影效果都好，票价大概12刀左右，三人好像有团体票，能更便宜。还有一些一定要去购物的地方：Costco（保健品）、Outlets（服饰、Coach）。还有一些购物中心我感觉大同小异：Fasion Place、City Creek大多是衣服，强烈建议买皮鞋（顺便说句，我们去高盛参观时要求穿正装，我们没有人带，所以去买了一身正装，差不多衬衣40刀、西裤50多刀，50～100刀的皮鞋）

比国内便宜许多，挺划算的。注：最好办维萨的卡；买"苹果"的东西时别忘了带上你的Ucard，有Back to School的优惠哦。

出行方面，学校会给办Ucard，可以免费坐所有Trax和公交（我们是j1签证），有驾照最好带上（盐湖城的路况实在是太好了，一定要享受一下驾驶乐趣），租车大概所有费用都算上要50刀每天，周末坐公共交通一定要看好时间，那儿的周末好像所有人都不出门，所以好多购物中心不开，好多公交车每个小时才有一班或直接没有。

再补充点宿舍的问题，我们住的冬奥会的运动员宿舍，每层都有洗衣机、烘干机，可以免费用，去超市买洗衣液即可。

最后说说玩。大家最关心的就是玩了。首先，离盐湖城较近的黄石公园大概每年9月份左右开放，黄石太大，一天肯定玩不完，建议最好自驾游，周五走周日回。其次我觉得拉斯维加斯最好玩，前提是最好到21周岁，21岁可以买酒，可以在赌场赌，买烟好像是18周岁。拉斯维加斯太奢靡了，去拉斯维加斯千万别忘了去吃全世界最好的自助餐，大概不到50刀。在拉斯维加斯一般要去科罗拉多大峡谷，峡谷分西峡南峡，西峡70刀门票加30刀玻璃桥（玻璃桥不让带相机，买你在玻璃桥上的照片30刀……美国人真会挣钱）。南峡不要钱，一般游客都去西峡。

去美国游学这一个多月一定会成为你最难忘的时光。

特别感谢在美国帮助我们的李老师、侯老师。

（作者：邹春萌 经济学院 2010级本科生）

北卡州立大学科研项目交流感想

从2012年6月30日登上飞往北卡州罗来纳的飞机，到8月5日飞机在首都机场降落，历时五周的暑期交流终于圆满完成了。这五周过得很快，因为每一天都很充实。

我从以下几个方面来谈一下我的感受。

首先，简述一下概况。北卡这个项目参加的同学有48个，其中浙江大学和清华大学的人数占了三分之二，另三分之一也是像中科大、北理工、南师大这些非常好的学校的学生（还有部分来自宝岛台湾的同学），当我得知这一信息时是非常激动的，同时也免不了紧张，怕他们的水平高出自己太多，怕没有共同语言。但是事实证明，他们的确在学术上有很高的造诣，相比之下的确自己逊色些，但是各有所长，我们依然相处得很好。为期五周的国外生活真是让我获益匪浅。

下面，说说课题方面的情况。关于课题，基本上都是一位同学跟着一个导师，也有像我们这样的两三个同学跟着一个导师做课题研究的。我和金泽两个人与中科大统计系的一位高材生一起学习研究（和他共事的感觉是我从没学过数学……）。起初，在学习阶段，每天下午见导师，他给我们布置任务，然后，晚上和第二天上午就看材料，接着下午再见导师做展示（Presentation），展示学到的内容，导师会提问和做最后的评论，然后再布置任务，如此往复。前几天，不是很适应，不知道材料要看到什么程度，有一次老师让我证明一个等式，没证出来，很窘迫。不过我适应得很快，大概明白了该掌握到什么程度后，每次我都多准备一些，更深入地思考一些东西，于是后续的展示都没出问题。我觉得，像这样每天都用英文做展示的机会是很宝贵的，感觉得到了比较充分的锻炼。中后期，开始利用学到的知识来结合实际，每天都处理数据、分析结果，然后给导师展示。最后，分析出一些结果，整理成小论文，交给导师一份报告，在8月1日的研讨会上展示自己的成果。我的感觉是，数学真的很重要，很多学科都离不开数学。此外，会一些计算机语言帮助甚大。

最后，总结一下这次参加交流的感受。

第一，今年暑假参加北卡这个项目的交流真的不虚此行。一方面，对金融数学有了进一步了解；另一方面，更重要的是感受到了美国大学浓厚的学术氛围，学者们不是为了发论文而研究，而是出于对自己研究领域的极度热爱。这种热情我不仅从几位北卡州立大学的教授身上感受到了，同样从一起参加这一项目的其他高校的同学身上感受到了，他们对自己研究的东西特别热爱，而且并不是出于以后想赚钱或者其他不太单纯的目的。这种热情很容易感染人，在北卡州立大学和各高校的尖子生一起的时候，我的精神特别好，对自己学习的内容也十分感兴趣。而在国内，这种热情似乎淡了些，似乎发论文才是研究的目的。总之，国内的学术氛围跟美国比，确实差距很大。

第二，在美国，我感觉到，人与人之间是那么和谐，比如，两个陌生人对视了一两秒，就肯定会聊上几句；逛超市时，两个陌生人都在看酸奶，也会说上几句。而且，每个人笑的都特别灿烂，那种平静、和谐的感觉，在国内很少有机会感受得到。

第三，这个暑期交流项目性价比很高，它提供了开阔眼界、感受西方教育方式的机会，提供了和高水平的同学一起共事的机会，提供了各种锻炼自己的机会（包括做饭能力），同时，还不乏乐趣。每到了由于天天聚精会神看材料或者分析数据而微感疲惫的时候，总是能够迎来喜人的周末活动。第一周的周四，美国独立日，感受到了美国小城庆祝国庆的方式，大家欢欢乐乐涌上街头，一派热闹景象。周末，去大西洋的海滩，美得难以言表。第二周周末，参观排在美国前十名的杜克大学，感受到了私立大学的各种不一样，哥特式建筑令人向往。第三周周末去华盛顿，政治中心的感觉，去了国会大厦、白宫、各种国家博物馆和各种纪念堂，不虚此行。在工作日，偶尔还会有冰淇淋Party，都是学校的农场养的牛挤出的奶做成的冰淇淋，滋味妙不可言。总之，不仅学习和研究的内容及最后的展示很有意义，活动也是丰富多彩的。

北卡州立大学的这个暑期交流项目我认为非常值得参加，新认识的好伙伴也都认为这项目特别好。因为，不论是谁，一定会从中得到比想象中更多的收获的。

（作者：梁雪洋 经济学院 2009级本科生）

图书在版编目（CIP）数据

新视野：美国大学亲历.2012/张连城主编.—北京：首都经济贸易大学出版社，2013.7

ISBN 978 – 7 – 5638 – 1636 – 1

Ⅰ.①新…　Ⅱ.①张…　Ⅲ.①高等教育—概况—美国　Ⅳ.①G649.712

中国版本图书馆 CIP 数据核字（2013）第 115228 号

新视野——美国大学亲历（2012）

张连城　主编

出版发行	首都经济贸易大学出版社	
地　　址	北京市朝阳区红庙（邮编 100026）	
电　　话	(010)65976483　65065761　65071505(传真)	
网　　址	http://www.sjmcb.com	
E – mail	publish@cueb.edu.cn	
经　　销	全国新华书店	
照　　排	首都经济贸易大学出版社激光照排服务部	
印　　刷	北京泰锐印刷有限责任公司	
开　　本	787 毫米 ×980 毫米　1/16	
字　　数	200 千字	
印　　张	11.25	
版　　次	2013 年 7 月第 1 版第 1 次印刷	
书　　号	ISBN 978 – 7 – 5638 – 1636 – 1/G · 328	
定　　价	28.00 元